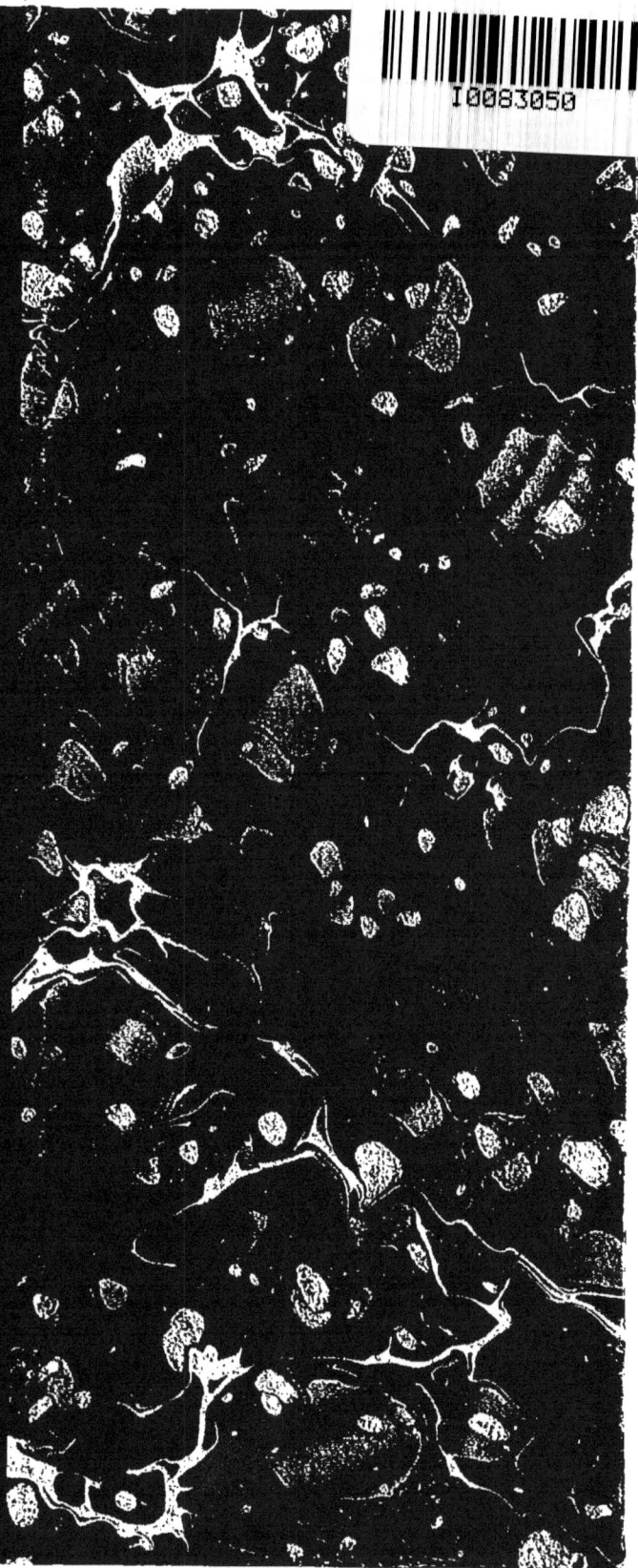

ROBERT 1989

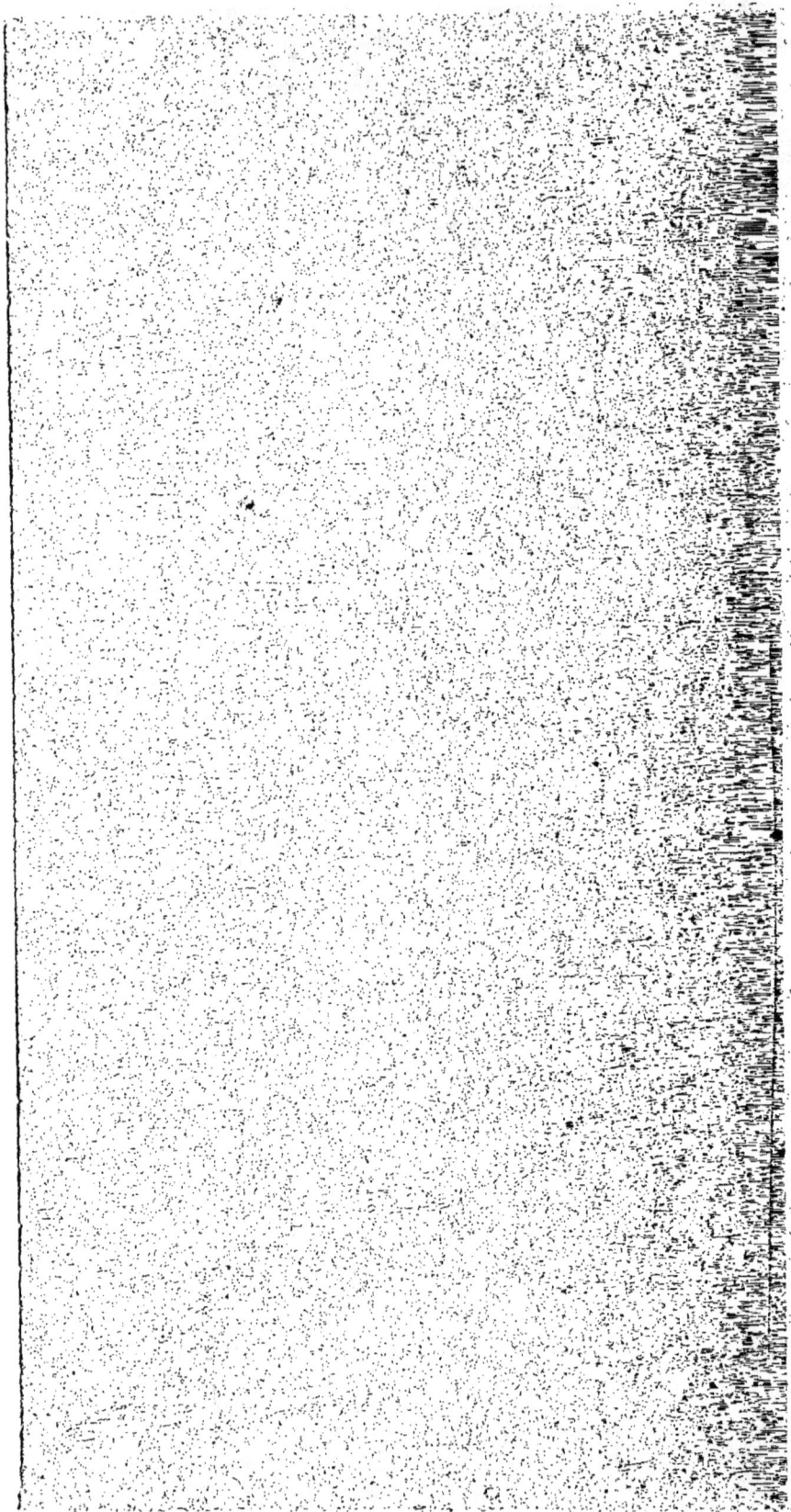

CANTIQUES
SPIRITUELS

SUR les points principaux de la religion et de la morale chrétienne.

A l'usage des Catéchismes et des Ecoles Chrétiennes.

Par M. l'Abbé PELLEGRIN*, et autres Auteurs.*

A PARIS,

Chez Madame DUBOIS, Rue du Marché-Palu, N.° 26.

1811.

PERMIS D'IMPRIMER

Accordé à M. Ancelle.

JEAN-BAPTISTE *BOURLIER*, par la miséricorde Divine et la grâce du Saint Siége Apostolique, Evêque d'Evreux, Baron et Chevalier de l'Empire, Membre du Corps Législatif, etc.

Nous avons lu, examiné et permis à M J J. L. Ancelle, Imprimeur de notre Evêché, d'imprimer un petit livre d'Eglise qui a pour titre : Cantiques Spirituels sur les points principaux de la Religion et de la morale Chrétienne, à l'usage des Catéchismes et des Ecoles Chrétiennes.

Donné à Evreux, sous notre Seing, notre Sceau et le contre-Seing du Secrétaire de notre Evêché, le 4 décembre 1810.

† J. BAPT., Evêque d'Evreux.

Par commandement :

BESNARD, *Prêtre, Secrétaire.*

CANTIQUES
SPIRITUELS

Sur les points principaux de la Religion et de la morale Chrétienne.

Pour demander l'assistance du Saint Esprit
avant le Catéchisme.

POUR LE LUNDI.

Venez, venez, Esprit Saint, dans nos cœurs,
Enflammez-les de vos saintes ardeurs,
Afin qu'étant remplis de votre amour,
Nous méritions le céleste séjour.
 Esprit divin, Esprit de vérité,
Eclairez-nous dans notre obscurité :
Que votre amour nous fasse pratiquer
Les vérités qu'on va nous enseigner.

Pour le même jour. Sur l'air : *Préparons-nous.*

1. Esprit divin, descendez sur la terre,
 Versez dans nos cœurs la lumière,

Afin que nous croyions toutes les vérités
Que maintenant on va nous enseigner.
2. Pour profiter de ces leçons utiles,
Il faut que nos cœurs soient dociles :
Mais ce n'est pas assez que nous ayons la foi,
Il faut de plus pratiquer ce qu'on croit.

POUR LE MARDI.

Sur l'air : *Objet de ma nouvelle.*

1. ESPRIT Divin, Dieu de lumière,
Eclairez-nous dans notre obscurité ;
Faites que d'une foi sincère
Nous croyions (*bis*) avec fermeté.
2. Mais ce n'est pas assez de croire
Les vérités qu'on va nous enseigner,
Donnez-nous, Esprit plein de gloire,
La vertu (*bis*) de les pratiquer.

Autre pour le même jour.

1. VENEZ, ô Sanctificateur !
Venez pour embrâser mon cœur.
Venez y rallumer, par vos divines flammes,
Le beau feu de la charité;
Enseignez-nous la vérité,
Et soyez pour jamais le maître de nos ames.
2. Esprit Saint descendez sur moi ;
Et pour m'instruire de la foi,
Eclairez mon esprit d'une vive lumière;
Et lorsque par votre clarté,
J'aurai connu la vérité,
Donnez-moi votre amour qui me la fasse faire.

POUR LE MERCREDI.

Sur l'air : *Venez, Esprit-Saint Créateur.*

Venez, Esprit Saint, pur amour,
Descendez sur nous en ce jour.
Allumez par vos traits vainqueurs,
Le feu divin dans tous les cœurs.
 Grand Dieu ! souverain Créateur,
Envoyez le Consolateur ;
Vous verrez, malgré les Enfers,
Renouveller tout l'Univers.
 Vous qui seul êtes notre fin,
Guidez-nous par l'esprit Divin ;
Faites, Seigneur, qu'à tous momens
Nous en suivions les mouvemens.

Pour le même jour. Sur l'air : *Tranquilles cœurs.*

Amour sacré, feu consumant,
Vous qui vivifiez nos ames,
Faites qu'en cet heureux moment
Nous ressentions vos douces flammes.
Brillez, divin Soleil, embrâsez tous les cœurs
De vos saintes ardeurs. (*bis*)
 Dans le pécheur l'iniquité
A défiguré votre image ;
Venez, Esprit de charité,
Réparer ce cruel ouvrage ;
Et malgré les enfers, hâtez votre retour :
Triomphez, Dieu d'amour. (*bis*).

POUR LE JEUDI.

Ecoutez mes prières, Seigneur, éclairez-moi,
Mon Dieu, sans le secours de vos lumières,
Comment pourrai-je apprendre votre Loi ?
 Si dès ma tendre enfance,
Vous m'avez fait Chrétien,
Mon devoir joint à ma reconnaissance,
Est d'apprendre et de pratiquer le bien.

A 3

POUR LE VENDREDI.

Sur l'air : Je vous salue, ô Mère de mon Dieu !

ESPRIT Divin, Père de nos esprits,
Qui dans notre ame avez peint votre image,
Divin amour, dont nos cœurs sont épris,
Venez vous-même animer votre ouvrage.

Accordez-nous, Esprit de charité,
De vous connaître, et le Fils et le Père,
Et de pouvoir durant l'éternité,
Et dans le tems, adorer ce mystère.

POUR LE SAMEDI.

AFIN d'être docile et sage,
Seigneur, donnez-moi votre Esprit ;
Pour apprendre selon mon âge,
Les vérités de Jesus-Christ.

Esprit Saint, faites-moi comprendre
Ce que vous m'allez expliquer ;
Mais en me le faisant apprendre,
Faites-le moi bien pratiquer.

Aimons Dieu dès notre bas âge,
Agissons tous par charité,
Faisons ici l'apprentissage
Pour l'aimer dans l'Eternité.

Pour le même jour.

JE vous salue, Marie, du Saint Esprit choisie,
Vous êtes de graces remplie,
Et le Seigneur est avec vous :
Vous êtes par-dessus toutes femmes bénie,
Que le bienheureux Fruit qui prit de vous la vie
Soit à jamais béni de tous.

Sainte Vierge Marie, incomparable Mère
D'un Fils qui n'a que Dieu pour Père,
Et qui s'est fait notre Sauveur !
Priez présentement et à l'heure dernière,
Quand nous ne pourrons plus vous offrir nos priè-
Priez pour nous pauvres pécheurs.   res;

POUR LE DIMANCHE.

*Dialogue de Jesus et d'un Enfant sur la
Doctrine Chrétienne.*

Jesus.

Mon fils, pour apprendre
Le vrai chemin du Paradis ,
Venez pour entendre * Ce que je dis. :
C'est une doctrine .
Où j'ai fait dessein d'enseigner
Ma loi divine * Pour vous sauver.

L'Enfant.

Sauveur débonnaire,
Docteur de toute vérité ,
On ne peut vous plaire * Sans charité :
Notre cœur s'empresse
A bien apprendre à vous aimer ,
Et veut sans cesse * Vous écouter.

Jesus.

Ma sainte parole
Demande un cœur humble et soumis ,
Pour l'esprit frivole * J'ai du mépris ;
Un enfant bien sage
Chérira mes enseignemens ;
Et le volage * Ses passe-tems.

L'Enfant.

Faites-nous la grace ,
Pour profiter de vos bontés ,
Que notre cœur fasse * Vos volontés ;
A votre Doctrine
Nous irons tous avec ferveur ,
C'est l'origine * Du vrai bonheur.

A 4

Les Cantiques suivans se chantent depuis l'entrée des Ecoles, après les Vacances, jusqu'au premier Dimanche de l'Avent.

I. Dialogue entre l'Ame et Jesus.

L'Ame.

JE viens à votre Ecole, * Adorable Jesus,
Plein d'un esprit frivole, * Et vide de vertus ;
Je n'ose vous parler ; * Car je suis criminel,
Je viens vous écouter, * O parole éternelle !

Jesus.

Lorsque j'enseigne une ame, * Je ne fais point
de bruit.
Je viens pendant le calme,*Et pour lors je l'instruis
Pour entendre ma voix * Il faut un grand silence,
Et pour suivre mes lois * Beaucoup d'obéissance.

L'Ame.

Je viens à votre école,*Enseignez-moi,Seigneur,
Je n'ai plus de parole, * Je vous donne mon cœur ;
Tout brisé de regret * De ses fautes passées,
Dites-lui en secret * Qu'elles sont pardonnées.

Jesus.

Faites-en pénitence * Avec sincérité,
Vivez dans l'innocence * Et dans l'humilité ;
C'est l'unique leçon*Que je viens vous apprendre;
Vivez dans la maison * Plus basse que la cendre.

L'Ame.

Que j'aime à vous entendre,
Cher objet de mes vœux ;
Je veux sans plus attendre,
Brûler des plus beaux feux.
Je vais m'humilier ; * Et mon amour extrême
Me fait tout oublier * Pour plaire à ce que j'aime.

Jesus.

Vous avez ma tendresse * Pour prix de votre
amour.
Ce beau trait qui vous blesse*Je le sens à mon tour;

Je n'ai quitté les cieux * Que pour chercher les
     ames ;
Ce séjour glorieux * Est le prix de vos flammes.

II. *Instruction pour l'entrée des écoles, après les*
   Vacances. Sur l'air : *Dans une voix, etc.*

1. COURONS à l'aimable Ecole
Qu'on ouvre au troupeau chrétien,
C'est la source du vrai bien,
Ne faut-il pas qu'on y vole ?
On apprend dans ce saint lieu
Comment il faut servir un Dieu.

  2. Catéchisme salutaire
Qui nous instruit de la foi,
Et nous annonce la loi
De notre céleste Père,
Nous mettant devant les yeux
Tout ce qui conduit aux cieux.

  3. Aimer Dieu, fait notre étude ;
Quel travail a plus d'attraits ?
Il nous comble de bienfaits :
Peut-on, sans ingratitude,
Oublier un seul moment
Les dons d'un si tendre amant ?

  4. Il veut bien, ce Roi suprême,
Qu'on lui donne un nom si doux ;
Il s'abaisse jusqu'à nous,
Puisqu'il commande qu'on l'aime ;
Mais sa puissance à son tour,
Aussi-bien que son amour.

  5. Il faut servir Dieu, le craindre
Comme Père et comme Roi ;
Ranger nos cœurs sous sa Loi,
Et ne la jamais enfreindre,
C'est de quoi l'on nous instruit :
Nous en recueillons le fruit.

6. Que jamais on ne s'absente
De l'Ecole du Seigneur,
Qu'on y porte la candeur
Dont brille une ame innocente. C'est de quoi , etc.

7. Lorsqu'on entre dans la classe
Il faut se mettre à genoux :
D'un Dieu mis en croix pour nous,
Implorons la sainte grace. C'est de quoi , etc.

8. Loin d'avoir des fronts sévères,
Ceux d'où nous vient ce secours
Nous apprennent tous les jours
Que nos maîtres sont nos Pères :
C'est peu de les écouter, * Tâchons de les imiter.

III. *Devoirs des Enfans envers leurs parens.*
Sur l'air *de Joconde.*

Enfans, gravez au fond du cœur
Cette loi salutaire :
Honore, te dit le Seigneur,
Et ton Père et ta Mère :
Faut-il que du plus haut des Cieux,
Indigne créature,
Dieu t'excite à des soins si pieux,
Qu'inspire la nature.

Il fait bien plus, un sort heureux
Suit l'ardeur qui te presse,
Dieu te promet des jours nombreux
Pour prix de ta tendresse ;
D'aimer au gré de ses souhaits
Pourras-tu te défendre,
Toi pour qui d'indignes objets
N'as le cœur que trop tendre ?

Pour suivre une si douce loi,
Même sans récompense,
Songe à tout ce qu'a fait pour toi
L'Auteur de ta naissance :

C'est peu qu'il t'ait donné le jour,
Tu lui dois davantage.
Tu fus l'objet de son amour,
Ainsi que son ouvrage.
    Quels tendres soins pour t'élever
N'a-t-il pas pris sans cesse ?
Ne t'a-t-il pas fait éprouver
Jusqu'où va sa tendresse ?
Par les plus sensibles effets
Il s'est montré ton père.
Reconnais ses plus doux bienfaits
Par un amour sincère.
    Les traits qu'il t'a fait ressentir
Partaient d'un cœur propice :
Il songeait à te garantir
D'un affreux précipice ;
Pour te soustraire aux sentimens
Qu'un saint devoir t'impose,
Tu te souviens des châtimens,
Et non pas de leur cause.
    Ouvre les yeux, fils trop ingrat ;
Rappelle ton enfance,
Pour prêter un nouvel éclat
A ta reconnaissance :
Tu ne peux trop la signaler,
Qu'il soit doux ou sévère,
Ta tendresse doit égaler
L'amour d'un si bon Père.
    Que le Sauveur du Genre-Humain
Nous serve à tous d'exemple ;
Qu'il nous conduise par la main,
Que chacun le contemple.
A Marie, à son chaste Epoux
Il se soumet lui-même ;
Quel modèle est plus grand pour nous
Que le Maître Suprême ?

IV. *Sur la nécessité de s'attacher à Dieu,*
surtout pendant la jeunesse.

Sur l'air : *Riez sans cesse.*

1. Tendre jeunesse,
Que votre tendresse,
Que votre cœur
Soient tous pour le Seigneur.
Heureux qui pense
A l'aimer dès son enfance;
En l'aimant toujours
On n'a que de beaux jours.
2. Je te déteste,
Volupté funeste,
Fatal poison,
Qui séduit ma raison.
Tu nous enchantes
Par des images vivantes ;
Mais que tes douceurs,
Entraînent de malheurs !
3. Grandeurs mondaines,
Que vous êtes vaines !
De vos appas
Que je fais peu de cas !
Dans votre pompe,
Tout nous plaît, mais tout nous trompe;
C'est un faux brillant,
Que dissipe un instant.
4 Biens méprisables,
Trésors périssables,
Par quelle erreur
Abusez vous le cœur ?
Combien de vide
Trouve dans vous l'homme avide!

Plus il vous connaît,
Moins il est satisfait.

5. Monde profane,
Jesus te condamne;
Qui suit ta loi
Se perdra comme toi.
Monstre perfide,
Tes biens n'ont rien de solide ;
Non , non , tes attraits
Ne me vaincront jamais.

6. Dieu seul aimable ,
Seul bien véritable ,
De notre cœur
Peut faire le bonheur.
Heureuse l'ame
Qu'il embrâse de sa flamme ;
Lui seul peut charmer,
Des cœurs faits pour l'aimer.

7. Jésus aimable !
Sauveur adorable !
Rien n'est si doux
Que de n'aimer que vous.
Oui, je vous aime
Plus que tout, plus que moi-même :
Mon cœur sans retour
Vous donne son amour.

V. *Pour la Fête de tous les Saints.*

Sur l'air : *Tranquilles cœurs , préparez-vous.*

1. Amis de Dieu , Saints immortels,
Conquérans du céleste Empire,
Qu'on révère sur nos Autels,
Et que toute l'Eglise admire,
Ecoutez nos soupirs, sur nous du haut des Cieux, *bis*
Daignez jetter les yeux.

2. Les fiers Démons de toutes parts
Nous attaquent avec furie ;
Au milieu de tant de hasards
Comment vaincre dans cette vie ?
Si par un prompt secours, désarmant les enfers, *bis*
Vous ne brisez nos fers.

3. Vierges, Martyrs et Confesseurs ,
Vous êtes l'exemple des hommes,
Soyez aussi leurs Protecteurs ,
Vous qui fûtes ce que nous sommes;
Faites que dans la gloire un jour nous puissions
tous , *bis.*
Etre heureux comme vous.

4. De tant de généreux Soldats
Chantons les exploits, les conquêtes ;
Honorons leurs sanglans combats,
Et pour bien célébrer leurs Fêtes,
Combattons à l'envi, comme ils ont combattu , *bis*
Imitons leur vertu.

VI. *Sur le bonheur.* Sur l'air : *Ingrat berger.*

1. ENTENDRONS-NOUS chanter toujours
Des beautés périssables ,
Des faux plaisirs , de vains amours,
Passagers et coupables ?
Songes brillans, beaux jours perdus ,
Beaux jours, vous ne reviendrez plus.

2. Nous passons d'erreurs en regrets ,
De mensonges en folie ;
Hélas ! nous ne vivons jamais,
Nous attendons la vie,
Et l'espoir qui suit nos désirs ,
Est plus trompeur que les plaisirs.

3. L'amertume est dans les douceurs,
Dans nos projets la crainte

Le néant au sein des grandeurs,
 Dans les travaux la plainte,
Ah! bonheur désiré de tous,
 Bonheur tranquille, où fuyez-vous?
 4. Vous êtes d'un Dieu créateur
Et l'essence et l'ouvrage,
 Habiteriez-vous dans un cœur
 Criminel et volage ?
 Bonheur, enfant du pur amour,
La terre n'est point ton séjour.

 5. Que cet amour porte mes vœux
Sur son aile rapide,
 Au trône entouré de ses feux,
 Où le repos réside.
 Grand Dieu, quel être dois-je aimer,
Que l'Être qui m'a su former ?

 6. Nos jours sont courts et douloureux,
Ce n'est qu'une ombre vaine,
 Notre gloire passe comme eux,
 Et l'oubli nous entraîne ;
 Mais le tendre amour de ta Loi
Nous rends éternels comme toi.

VII. *Complainte des Ames du Purgatoire.*

Sur l'air : *Malheureuses créatures.*

1. MORTELS, écoutez vos frères,
Vos amis, vos chers parens,
Et jugez de nos misères * Par nos lugubres accens:
Hélas! hélas ! * Ne nous abandonnez pas.
 2. Mille légères souillures,
Nous retiennent dans ces feux,
Tandis que les ames pures
Prennent leur vol dans les Cieux. Hélas! etc.
 3. A nos maux soyez sensibles,
Gémissez soir et matin ;

Versez sur ces feux horribles
Le sang de l'Agneau divin. Hélas! etc.

4. Vos soupirs, vos vœux, vos larmes
Offerts au Seigneur pour nous,
Seront de puissantes armes
Pour appaiser son courroux. Hélas! etc.

5. Hâtez-vous de briser nos chaînes,
Des feux faites-nous sortir,
Nous saurons des mêmes peines
Quelque jour vous garantir. Hélas, etc.

VIII. *En l'honneur de la Très-Sainte-Vierge.*

Sur l'air : *Des folies d'Espagne.*

1. Si je pouvais chanter avec les Anges,
Très-Sainte Vierge, Mère du saint amour,
A tout moment vos célestes louanges,
A pleine voix, tant la nuit que le jour.

2. Ah! quel bonheur en recevrait mon ame!
Oh! quelle joie ressentirait mon cœur!
Ces entretiens me donneraient le calme,
Etant comblé de leur grande douceur.

3. Reine des cieux, après Dieu, je vous aime,
Par-dessus tout ce que l'on peut chérir,
Plus que mes yeux et plus que ma vie même :
A ce sujet je suis prêt de mourir.

4. Si tous les cœurs qui sont et peuvent être,
N'en faisaient qu'un, et qu'il fût dans mon sein,
Je les irais sans différer soumettre
Pour vous aimer : voilà tout mon dessein.

5. Peut-on trouver un homme assez impie
Pour refuser un cœur tendre et zélé
A l'honneur de la divine MARIE,
Qui est pour nous pleine de charité?

6. Mère de Dieu, du monde Souveraine,
Vous qui voyez à vos pieds tous les Rois.

Je

Je vous choisis aujourd'hui pour ma Reine,
Et me soumets pour toujours à vos Lois.

7. Je mets ma gloire à vous marquer mon zèle,
A vous aimer, à vous faire servir :
Ah ! si mon cœur devait être infidèle,
J'aimerais mieux dès à présent mourir.

8. Mais des Enfers je brave la furie ;
Je ne crains point un si triste malheur,
Un serviteur, un enfant de Marie
Peut-il périr, peut-il mourir pécheur ?

9. Jamais un vrai serviteur de Marie
Ne périra, ne sera malheureux,
Qui l'a trouvée, a rencontré la vie
Et le moyen de la voir dans les cieux.

Demande à Saint Joseph.

10. O grand Joseph ! contentez mon envie,
Et dites-moi quel fut votre trépas ?
Fut-ce la mort qui vous ravit la vie,
Ou bien l'amour divin et plein d'appas ?

Réponse.

11. Sachez, mon fils, que ma mort précieuse
Fut un transport et un ravissement
Du saint amour qui la rendit heureuse,
Pleine de joie et de contentement.

12. Grand saint Joseph, par votre mort char-
　　　　mante,
Je vous conjure de me secourir,
En ce moment où le monde se vante
de m'empêcher de pouvoir bien mourir.

B

Les Cantiques suivans se chantent depuis la veille du premier Dimanche de l'Avent jusqu'à Noël.

IX. *Désirs empressés pour l'heureuse venue du Massie.*

Sur l'air : *Laissez paître vos bêtes.*

1. VENEZ, Verbe adorable ;
Voyez des cœurs infortunés,
La douleur nous accable ;
Venez, venez, venez.

2. Quoi ! faudra t-il gémir toujours,
Sans espérance de secours ?
A vous seul le monde a recours.
O Puissance ineffable !
Voyez des cœurs infortunés :
Venez, Verbe adorable,
Venez, venez, venez.

3. Triomphez de nos ennemis,
Seigneur, vous nous l'avez promis,
Ce doux espoir nous est permis :
L'enfer nous fait la guerre,
Tous les humains sont consternés ;
Descendez sur la terre, * Venez, venez, venez.

4. Nous endurons un long tourment ;
Faites briller ce jour charmant,
Qui doit nous rendre au Firmament.
A d'éternelles peines
Les hommes sont-ils condamnés ?
Venez briser nos chaines, * Venez, venez, venez.

5. Entendez-nous du haut des Cieux,
Venez en Roi victorieux,
Montrez votre gloire à nos yeux ;
Que la Terre applaudisse

A des esclaves couronnés ;
Que tout se réjouisse, * Venez, venez, venez.
   6. Puissions nous voir les Cieux ouverts,
Malgré la rage des Enfers.
Hâtez-vous de briser nos fers :
Rendez-nous l'Héritage
Qu'attendent les prédestinés ;
Achevez votre ouvrage, * Venez, venez, venez.
   7. Vous nous avez promis cent fois
Que nous verrions le Roi des Rois
Aux Nations donner des lois.
Venez, divin Messie,
Que nos tyrans soient enchaînés,
Le monde vous en prie :
Venez, venez, venez.
   8. Vous faites seul tout notre espoir :
Armez vos mains, faites-nous voir
Que tout cède à votre pouvoir,
Venez tarir les larmes
De vos enfans infortunés ;
Venez, Dieu plein de charmes ;
Venez, venez, venez.
   9. Déjà le ciel est plus serein,
Vous remplissez ce grand dessein,
Dont vous flattiez le genre humain :
O Soleil de justice !
Quel doux espoir vous nous donnez !
Que la plainte finisse :
Venez, venez, venez.
   10. Déjà les plus charmans concerts
Se font entendre dans les airs ;
Vous ferez grace à l'univers :
Nous vous voyons descendre ;
Que de trésors nous sont donnés !
Quels biens vont se répandre !
Venez, venez, venez.

X. *Dialogue entre J. C. et l'Ame, sur l'heureuse venue du Rédempteur.*

Sur l'air : *Les Bourgeois de Chartres.*

L'Ame.

O MONARQUE suprême !
O Dieu de Majesté !
Dieu caché dans vous-même * De toute éternité,
E fin au bout des tems, soyez sensible aux hommes
Faites-vous voir, et montrez-vous,
Faites-vous enfant comme nous ;
Soyez ce que nous sommes.

2. Seigneur, tous vos Prophètes
Nous en ont assuré :
Vérité que vous êtes, * Vous en avez juré ;
Après quoi, notre espoir peut-il être frivole ?
Il est écrit, vous l'avez dit,
Vous l'avez dit, il nous suffit ;
Dieu garde sa parole.

3. Seigneur, il faut vous rendre
Et répondre à nos vœux.

Jesus-Christ.

Je ne puis m'en défendre
J'y réponds, je le veux.
Je viens, mais je prétends me choisir ma demeure.

L'Ame.

Telle, Seigneur, qu'il vous plaira.

Jesus-Christ.

Une étable me suffira :
C'est assez pour cette heure.

L'Ame.

4. Vous qu'un Père adorable
Engendre dans son sein,
Naître dans une étable! * Quel est votre dessein ?
Pourquoi non dans un lieu pompeux, riche et
      commode ?

Jesus-Christ.

Je prétends que ma pauvreté
Donne vogue à l'humilité,
Et la mette à la mode,
    5. Je prétends que ma vie
Vous tienne lieu de Loi.

L'Ame.

Ah! j'en serai ravie, * Et vous, Seigneur, et moi.

Jesus-Christ.

Il n'est pas mal aisé d'imiter ce qu'on aime ;
Je souffrirai, vous souffrirez,
Je serai saint, vous le serez,
Comme moi tout de même.

L'Ame.

6. Oui, je vous en assure,
Nous en faisons serment :
Seigneur, je vous le jure,
Et malheur à qui ment.
Après quoi, dégagez la foi de vos Prophètes.

Jesus-Christ.

Sans plus tarder je le ferai,
Et Dieu que suis, je serai
Plus enfant que vous n'êtes.

XI. *Sur la vie et les vertus de saint Nicolas, évêque de Myrrhe.*

Sur l'air : *On dit que vos parens.*

1. Du grand saint Nicolas célébrons la mémoire,
Sur l'éclat de sa vie ayons toujours les yeux ;
Par plus d'une victoire,
Vivant dans ces bas lieux,
Il mérita la gloire * Des cieux.

2. Il a mille vertus dès l'âge le plus tendre,
Tout innocent qu'il est, il se traite en pécheur,
Il ne veut pas attendre * Qu'il ait plus de vigueur :
L'amour réduit en cendre * Son cœur.

3. Ses yeux noyés de pleurs, prêchent la péni-
tence,
L'exemple qu'il en donne est un puissant discours ;
Il veut à l'abstinence * Donner ses premiers jours,
Tel est de son enfance * Le cours.

4. Suivons ses pas sacrés jusques au Sanctuaire,
C'est là qu'on voit son cœur brûler des plus beaux
feux.
Oraison salutaire, * Que tu nous rends heureux !
Pour nous tu lui fais faire des vœux.

5 Il assiste sans cesse à ce grand sacrifice,
Où le céleste Agneau s'immole encore pour nous,
Il calme la justice * D'un Dieu plein de courroux,
Et rend son cœur propice * Pour tous.

6. Inébranlable appui d'un peuple qui l'admire,
Il deviendra bientôt Pontife et Confesseur.
Heureux troupeau de Myrrhe,
Tu le veux pour Pasteur,
D'un regard il attire * Ton cœur.

7. Que le bonheur d'autrui pour son cœur a de
charmes !
Il sauve du trépas de tristes matelots !

Il calme leurs alarmes, * Il leur rend le repos,
Il fait rendre les armes * Aux flots.

8. Combien d'infortunés ce grand Saint favo-
rise !
On ressent ses bienfaits en cent climats divers ;
Chrétiens qu'on tyrannise * Chez des peuples
pervers,
Il court, il vole, il brise * Vos fers.

9. De Dioclétien, Empereur infidèle,
Un sacrilége arrêt l'arrache à son troupeau ;
Mais l'amour paternel * Rallumant son flambeau,
L'embrâse encore d'un zèle * Plus beau.

10. Sous le grand Constantin, ce saint Pasteur
respire,
Il revoit son bercail, en redevient l'appui ;
Enfant du noir empire, * Monstre exécrable, fuis,
Erreur, ta rage expire * Sous lui.

11. Arius, à grand flots répand son hérésie,
Pour détrôner le fils de mon céleste Roi ;
L'erreur, la tyrannie * Donnent partout la Loi,
L'Eglise en est saisie * D'effroi.

12. Mais bientôt Nicolas dans les enfers re-
plonge
Ce monstre si terrible, et qui fait tant de bruit ;
Il n'est plus de mensonge, * La vérité reluit ;
L'erreur, comme un vrai songe, * S'enfuit.

13. Pour prévenir un mal dont son cœur se
défie,
Il forme la jeunesse à la céleste Loi.
Sainte philosophie, * Tout s'éclaire par toi,
Par toi se fortifie * La Foi.

14. Soyons des Ecoliers dignes d'un si grand
Maître,
Qu'il soit contre l'erreur notre plus ferme appui :
Hélas ! à reparaître * Elle est prête aujourd'hui :
Puisse la Foi renaître * Par lui.

XII. A l'honneur de l'Immaculée Conception de la Très-Sainte Vierge.

Sur l'air : *Chantons, je vous prie, Noël hautement*

QUELE Vierge pure * Doit naître ici bas?
Aucune souillure * Ne flétrit ses pas.
Marie est conçue : * Tyran des enfers,
Ta rage est déçue, * Gémis dans les fers.

2. Sous ton esclavage * Ne crois point l'avoir ;
Voyez le partage * Qu'elle doit avoir !
Le salut du monde * D'elle doit venir,
Jamais rien d'immonde * Ne la doit ternir.

3. Le ciel la destine * Pour le plus haut rang ;
La Grace Divine * Germe dans son flanc.
Faveur sans exemple, * Jusqu'au Rédempteur !
Marie est le Temple * De son créateur.

4. Son Dieu la protége * Contre le démon ;
De ce privilége * Voici la raison :
Faut-il que ta mère, * Roi du Firmament,
Soit de ta colère * L'objet un moment !

5. Non, l'Agneau sans tache * Qu'elle doit
    porter ;
Au péché l'arrache, * Cessons d'en douter ;
Ce Maître suprême * Qui nous sauve tous ,
La défend lui-même * Contre son couroux.

6. O source éternelle * De nos tristes pleurs,
Tache originelle, * Qui fit nos malheurs,
Germe de colère, * Objet odieux !
Respecte la Mère * Du Maître des cieux.

7. Quoi ! le noir empire, * L'orgueil des enfers,
Oserait lui dire : * Tu portas mes fers ,
Ce cœur qui me brave * De gloire éclatant,
Se vit mon esclave * Du moins un instant.

8. Non, de sa furie * Elle ne craint rien ;
Dieu garde Marie, * Il est son soutien,

Elle

Elle est toute pure, * Et la fut toujours ;
Non, jamais souillure * N'obscurcit son cours.

XIII. *Pour la Fête de la Conception de la Sainte Vierge.*

Sur l'air : *Ce que je dis est la vérité même.*

REINE des cieux, de notre tendre hommage
  Nous vous offrons le faible encens ;
Que votre nom soit chanté d'âge en âge,
Qu'il soit toujours l'objet de mes accens.   *Fin.*
  Les cieux l'admirent en silence :
Comment oser célébrer sa grandeur ?
  Mais oublions notre impuissance,
  Ne consultons que notre cœur,
Reine des cieux, etc.

De l'homme, hélas ! le crime est le partage ;
  Il naît coupable et corrompu :
Dieu le sauva de ce triste naufrage,
Rien n'altéra l'éclat de sa vertu.   *Fin.*
  Ainsi du lis, dans nos prairies,
Rien ne ternit la brillante couleur ;
  Entouré de tiges flétries,
  Il ne perd rien de sa blancheur.
De l'homme, hélas ! etc.

L'appât trompeur et séduisant des vices
  Ne corrompit jamais son cœur :
Plaire à son Dieu fit toujours ses délices,
Vivre pour lui fit toujours son bonheur.   *Fin.*
  Bientôt son aimable innocence
Et ses vertus vont recevoir leur prix,
  Le jour paraît, l'instant s'avance,......
  Le fils d'un Dieu devient son fils,
L'appât trompeur, etc.

C

Mère d'un Dieu ! que ce titre sublime
    Coûte à son cœur ! qu'il va souffrir !
De nos péchés, son Fils est la victime,...
Amour, amour, y peux-tu consentir ? *Fin.*
    Quel sacrifice pour la mère !
L'amour le veut et l'amour le défend......
    Sa tendresse enfin nous préfère :
    Son cœur gémit.... mais il consent.
Mère d'un Dieu ! etc.

O vierge sainte, auguste protectrice !
    Que votre amour veille sur nous ;
D'un Dieu sévère appaisez la justice,
Et suspendez l'effet de son courroux.   *Fin.*
    Insensible à notre tristesse ;
Si des mortels vous dédaignez les vœux,
    Rappelez à votre tendresse
    Que votre Fils mourut pour eux.
O vierge sainte, etc.

Soutenez-nous au milieu des alarmes ;
    Secourez-nous dans nos malheurs ;
Vous plairiez-vous à voir couler nos larmes ?
Vous êtes mère, et nous versons des pleurs. *Fin.*
    Ah ! songez que notre misère
Devint pour vous la source des grandeurs ;
    Dieu vous eût-il choisi pour mère,
    Si nous n'eussions été pécheurs ?
Soutenez-nous, etc.

Les Cantiques suivans se chantent depuis la veille
de Noël jusqu'à la Purification.

XIV. *Sur la naissance de Jesus-Christ.*

Sur un air nouveau.

1. CHANTONS l'heureuse naissance
Que l'on célèbre en ce jour ;
Un Dieu , malgré sa puissance,(*bis*)
Est vaincu par son amour.

2. En tous lieux de ses louanges
Faisons retentir les airs ,
Et mêlons avec les Anges (*bis.*)
La douceur de nos concerts.

3. Qu'adorable est le Mystère
Que l'on célèbre en ce jour ,
Il désarme la colère (*bis.*)
Et fait triompher l'amour.

4. Mortels , auriez-vous pu croire
Q'une étable fût le lieu
Propre à renfermer la gloire , (*bis.*)
Et la Majesté d'un Dieu.

5. Celui devant qui les Anges
Tremblent éternellement ,
S'est renfermé dans les langes, (*bis.*)
Sous la forme d'un enfant.

6. Pour rompre toutes nos chaînes
Il s'est mis dans les liens,
Il s'est chargé de nos peines (*bis.*)
Pour nous combler de ses biens.

7. Ne tardez point, allez , Mages ,
A cet enfant glorieux,
Rendre les justes hommages (*bis.*)
De vos trésors précieux.

8. Suivez l'astre favorable
Qui luit pour vous éclairer ;
Allez voir dans une étable (*bis.*)
Un Dieu qu'il faut adorer.

XV. *Pour le jour de Noël.*

Sur l'air : *Voici le jour solennel de Noël.*

1. QUELS sont ces nouveaux concerts
Dont les airs * De toutes parts retentissent ?
Sans doute le ciel pour nous * Est plus doux,
Les Anges s'en réjouissent.

2. Que la paix règne en ce lieu, * Gloire à Dieu,
Disent-ils, pleins d'alégresse ;
Joignons-nous à leurs chansons, * Bénissons
Ce Dieu rempli de tendresse.

3. Le Seigneur nous rend la paix * Pour jamais ;
Mais écoutons les Saints Anges ;
Il naît pour nous un enfant * Triomphant,
Il soupire dans les langes.

4. Bethléem est le séjour * Où l'amour
Pour les hommes le fait naître :
Allons tous sans différer * L'adorer ;
Allons voir un si bon Maître.

5. Je le vois ce Dieu charmant, * O moment
Le plus heureux de ma vie !
Quelle ardeur vient m'enflammer ! * A l'aimer
Sa tendresse me convie.

6. Ses regards pleins de douceur * Dans mon cœur
Portent mille traits de flamme ;
Hélas ! j'étais dans les fers * Des enfers ;
Il vient racheter mon ame.

7. Eh ! que ne lui dois-je pas ? * Le trépas
Devait être mon partage ;
J'étais banni de sa cour, * Son amour
M'a rendu mon héritage.

8. Cet amour si plein d'attraits * Pour jamais
Dans sa gloire me rappelle ;
Jour charmant, aimable jour ! * Cet amour
Me rend la vie éternelle,

9. Doux Sauveur du genre humain, * C'est ta main
Qui vient de briser mes chaînes ;
Tu daignes naître pour moi, * Divin Roi,
Tu finis toutes mes peines.

10. Ah ! pour ne mourir jamais * Je renais,
Loin de moi, péché funeste ;
Il faut que tous mes désirs, * Mes soupirs,
Soient pour le séjour céleste.

XVI. *Même sujet.* Air connu.

Dans cette étable
Que Jesus est charmant !
Qu'il est aimable
Dans son abaissement !
Que d'attraits à la fois !
Tous les palais des Rois
N'ont rien de comparable
Aux beautés que je vois
Dans cette étable.

Que sa puissance
Paraît bien en ce jour,
Malgré l'enfance
Où le réduit l'amour !
L'esclave racheté,
Et tout l'enfer dompté,
Font voir qu'à sa naissance
Rien n'est si redouté
Que sa puissance.

Heureux mystère !

C 3

Jesus souffrant pour nous,
  D'un Dieu sévère
Appaise le courroux.
Pour sauver le pécheur ,
Il naît dans la douleur,
Et sa bonté de père
Eclipse sa grandeur.
  Heureux Mystère !

  S'il est sensible ,
Ce n'est qu'à nos malheurs;
  Le froid horrible
Ne cause point ses pleurs.
Après tant de bienfaits,
Que notre cœur, aux traits
D'un amour si visible,
Doit céder désormais ,
  S'il est sensible !

  Que je vous aime !
Peut-on voir vos appas,
  Beauté suprême,
Et ne vous aimer pas?
Puissant Maître des cieux,
Brûlez-moi de ces feux
Dont vous brûlez vous-même ;
Ce sont-là tous mes vœux.
  Que je vous aime !

XVII. *Protestations d'un Chrétien à J. C.
naissant.*

Sur l'air : *Charmante Gabrielle.*

1. Reçois, enfant aimable,
L'hommage de mes vœux.
Mon sort fut déplorable ,

Tu viens me rendre heureux :
Quels biens, par ta naissance, * Je vais goûter,
Que ma reconnaissance * Doit éclater !

2. J'étais dans l'esclavage * Du tyran des enfers;
Mais ton premier ouvrage * C'est de briser mes fers
Quelque pouvoir qu'assemble * L'affreux démon,
Il est soumis, il tremble * A ton seul Nom.

3. Par ton amour extrême
Les cieux s'ouvrent pour moi ;
J'y vois un Dieu qui m'aime,
Je ne sens plus d'effroi ;
Un Dieu sèche mes larmes, * C'est pour jamais ;
Il finit mes alarmes, * Je vis en paix.

4. Et la paix et la guerre
Dépendent de tes mains ;
Tu descends sur la terre,
Pour sauver les humains ;
Tu nais dans une crèche, * O l'heureux jour !
C'est-là que tu nous prêches
Ton tendre amour.

5. Tu nous chéris en Père ;
Qui peut nous alarmer !
Contre une main si chère,
L'enfer a beau s'armer :
Par toi les faibles hommes * Sont triomphans :
L'enfer voit que nous sommes * Tes vrais enfans.

6. Ah ! qu'il a de puissance * Cet amour paternel!
Lui seul rend l'innocence * A l'homme criminel ;
Par lui notre héritage * Nous est rendu,
Sans lui ce doux partage * Etait perdu.

7. A cet amour si tendre
Que ne devons-nous pas ?
Sur nous il vient répandre
Des biens remplis d'appas.
Ah ! qu'il nous doit confondre * Par ces faveurs !
C'est à nous d'y répondre ; * Reçois nos cœurs.

8. Nous t'aimerons sans cesse,
Pour prix de tes bienfaits :
Le zèle qui nous presse, * Ne s'éteindra jamais ;

C 4

C'est notre unique envie, * Dans ce beau jour,
Et nous perdrons la vie * Pour ton amour.

XVIII. *Pour la Fête de la Circoncision.*

Sur l'air: *Chantons, je vous prie, Noël hautement.*

1. LE salut commence, * Chantons ce grand jour;
Chantons la clémence * D'un Dieu plein d'amour,
L'ardeur qui l'anime * L'a rendu mortel,
Il vient en victime * S'offrir sur l'Autel.

2. Que chacun contemple * Ce divin Sauveur,
Il prend dans son Temple * Les traits du pécheur;
De son rang suprême, * Il n'est point jaloux,
L'innocence même * Descend jusqu'à nous.

3. Quelle est, chez les hommes, * Son humilité,
Lorsque nous ne sommes * Qu'indocilité !
Marchons sur ses traces; * Humbles comme lui,
Méritons ses graces, * Cherchons son appui.

4. Malgré la colère * Du Dieu créateur,
Le pécheur espère * Par le Dieu sauveur;
Que chacun se presse * De suivre ses pas,
A tant de tendresse * Serions-nous ingrats?

5. Le trait qui le perce, * Doit percer nos cœurs,
C'est du sang qu'il verse, * Répandons des pleurs,
Son amour extrême * Prévient tous nos vœux,
Aimons comme il aime, * Nous serons heureux.

6. Le péché nous chasse * Du séjour des cieux,
La divine grace * Nous transforme en Dieux:
Voyons ce saint Prêtre: * Quel est son bonheur,
Quand il voit paraître * Ce Dieu Rédempteur!

7. Tu tiens ta parole, * Et le saint vieillard,
Mon Dieu me console * Par un seul regard.
Il brise mes chaînes; * Je puis désormais
Oublier mes peines, * Et mourir en paix.

8. Tu sors d'esclavage, * Peuple d'Israël,
Ta gloire est l'ouvrage * D'un Dieu fait mortel:

Tu vois la lumière * Qui, de ce séjour,
Sur la terre entière * Répandra le jour.

9. Unique espérance * Qui restait pour nous,
Fais qu'à ta clémence * Nous répondions tous ;
Que ces saintes flammes * Brillent en tous lieux :
Règne dans nos âmes, * Comme dans les cieux.

XIX. *Pour la Fête de l'Adoration des Mages.*

Sur l'air : *Valdeo, ce grand Capitaine.*

1. Dans la nuit la plus obscure,
Quel astre frappe nos yeux !
Cet éclat qui vient des cieux
Surprend toute la nature :
Trois Rois Mages à l'instant,
Marquant la foi la plus pure ;
Trois Rois Mages à l'instant,
Font voir un zèle éclatant.

2. Une étoile favorable
Vers leur Maître les conduit :
Elle brille dans la nuit,
C'est un guide secourable ;
Tel doit être le flambeau
D'une foi toujours durable ;
Tel doit être le flambeau
Qui fait un chrétien nouveau.

3. L'astre qui leur luit s'arrête
Sur les rives du Jourdain ;
Là règne un Prince inhumain,
La couronne sur sa tête :
Trois Rois vont le consulter,
Sa réponse n'est pas prête ;
Trois Rois vont le consulter,
Mais il semble encor douter.

4. Attendez, dit le barbare,

Que j'assemble mes Docteurs,
Quand le zèle est dans nos cœurs,
Quelquefois il nous égare.
A répondre à vos désirs,
Je veux que tout se prépare :
A répondre à vos désirs,
Je mettrai tous mes plaisirs.

5. Soudain le conseil s'assemble,
Les saints Livres sont ouverts,
Mille événemens divers
Y sont réunis ensemble :
Là ce prodige est tracé,
Dont ce Roi frémit et tremble :
Là ce prodige est tracé,
Dont son cœur paraît glacé.

6. Quelque jour un Roi doit naître
Auprès de Jérusalem ;
Dans le sein de Bethléem
Naîtra cet auguste Maître.
Hérode est saisi d'effroi,
Mais il n'en fait rien connaître :
Hérode est saisi d'effroi :
Au bruit de ce nouveau Roi.

7. Allez, dit-il aux trois Mages ;
Allez vers ce Roi naissant ;
A ce Maître si puissant,
Allez rendre vos hommages ;
Mais revenez dans ma Cour
M'apporter vos témoignages ;
Mais revenez dans ma Cour,
J'y veux aller à mon tour.

8. De ce cœur impénétrable
Ils ignorent les détours :
L'Astre qu'ils suivent toujours
S'arrête sur une étable.
Ils y trouvent un enfant :
Quel Enfant ! qu'il est aimable !
Ils y trouvent un Enfant,
Qui doit être triomphant.

9. Ils présentent pour hommage
L'Or, la Myrrhe, avec l'Encens;
De leurs cœurs obéissans
Cet offrande est un sûr gage;
Mais par un autre chemin
Ils achèvent leur voyage;
Mais par un autre chemin
Ils assurent leur destin.

———————————

XX. *Que nous ne pouvons aimer trop tendre-*
ment le Sauveur, en reconnaissance des biens
qu'il nous a faits.

Sur l'air : *Où s'en vont ces gais Bergers ?*

1. Le Sauveur du Genre humain
En ces lieux vient de naître,
Nos malheurs vont prendre fin,
Tout nous le fait connaître:
Nos malheurs vont prendre fin,
Grace à ce divin Maître.

2. Il triomphe des Enfers,
C'est son premier ouvrage.
Le Démon nous mit aux fers,
Nous sortons d'esclavage;
Le Démon nous mit aux fers,
Bravons sa noire rage.

3. Le péché fait place enfin
A l'aimable innocence ;
D'un réparateur divin
Nous sentons la clémence :
D'un réparateur divin
Eclate la puissance.

4. Ne poussons plus de soupirs,
Ne versons plus de larmes;
Tout répond à nos désirs,
Quel sort a plus de charmes !

Tout répond à nos désirs,
L'Enfer nous rend les armes.

5. Qu'il nous aime tendrement
Cet Enfant adorable !
Qu'il est doux, qu'il est charmant !
Qu'il nous est favorable !
Qu'il est doux, qu'il est charmant !
Il est incomparable.

6. N'attachons plus notre amour
Qu'à ce Dieu qui nous aime;
Que chacun l'aime à son tour,
Mais d'un amour extrême;
Que chacun l'aime à son tour,
Il est le bien suprême.

7. Monde vain, ne prétends plus
Augmenter ton empire ;
Tes efforts sont superflus,
Et ta puissance expire :
Tes efforts sont superflus,
Dieu seul peut nous suffire.

8. A quoi servent les attraits
Dont tu veux nous surprendre ?
Ils sont suivis de regrets,
Tu sais bien nous l'apprendre.
Ils sont suivis de regrets,
Il faut nous en défendre.

9. Un plus aimable vainqueur
Nous attaque et nous presse;
Il demande notre cœur
Pour prix de sa tendresse :
Il demande notre cœur,
Qu'il y règne sans cesse.

XXI. *La Sainte Enfance de Jesus.*

Sur l'air : *Ah ! vous dirai-je , maman , etc.*

O vous dont les tendres ans
Croissent encore innocens,
Pour sauver à votre enfance
Le trésor de l'innocence,
Contemplez l'Enfant Jesus,
Et prenez-en les vertus.
Il est votre Créateur,
Votre Dieu, votre Sauveur ;
Mais il est votre modèle.
Heureux qui lui fut fidèle !
Il eut part à sa faveur,
A ses dons, à son bonheur.
Que touchant est le tableau
Que nous offre son berceau !
O que de leçons utiles
Y trouvent les cœurs dociles !
Accourez, vous tous, enfans,
Y former vos jours naissans.
Une étable est le séjour
Où Jesus reçoit le jour ;
Sous ses langes, de sa crèche
Sa divine voix nous prêche
Que l'indigence à ses yeux,
Est un riche don des cieux.
Pourquoi ce froid, ces douleurs,
Ces yeux qui s'ouvrent aux pleurs,
Ce sang qu'il daigne repandre ?
N'est-ce point pour nous apprendre
Qu'il faut haïr le plaisir,
Et pour lui vivre et souffrir ?
Ce Dieu, seul prêtre immortel,
Du berceau passe à l'autel,

Et , Législateur et Maître,
A la loi va se soumettre,
Prêt à s'immoler un jour
Pour son Père et notre amour.

   Il naît à peine , et naissant,
Il veut fuir obéissant :
Trente ans dans un vil asile
L'ont vu fidèle et docile,
Exact , obéir toujours
Aux saints gardiens de ses jours.

   Si , par un départ secret,
Il leur laisse un vif regret,
Ils le reverront au Temple,
Nous montrer , par son exemple,
Qu'on doit , pour Dieu , tout quitter ;
Qui de nous sut l'imiter ?

   Esprits vains , cœurs indomptés?
Captivez vos volontés :
Quand on voit Jesus lui-même,
Jesus la grandeur suprême,
S'abaisser, s'anéantir,
Peut-on ne pas obéir ?

   Qu'il est beau de voir ses mains,
Qui formèrent les humains,
Se prêter aux œuvres viles,
Aux travaux les plus serviles,
Et rendre à jamais pour nous
Tout travail louable et doux !

   Tout m'instruit dans l'Enfant-Dieu ;
Son respect pour le saint lieu .
Son air modeste , humble , affable,
Sa douceur inaltérable,
Son zèle , sa charité,
Sa clémence , sa bonté.

   Jesus croît , et plus ses ans
Hâtent leurs accroissemens,
Plus l'adorable sagesse,
Qui réside en lui sans cesse,

Dévoile aux yeux des humains
L'éclat de ses traits divins.
Combien en est-il, hélas!
Qui, loin de suivre ses pas,
Vont, croissant de vice en vice,
Aboutir au précipice!
Heureux, seul heureux qui prend
Pour guide Jesus enfant!

XXII. *Sentimens d'amour envers Jesus.*

Sur un Air nouveau.

1. O mon bon Jesus! mon ame vous désire,
Du fond de mon cœur après vous je soupire.
O mon bon Jesus! ô mon cher amour!
Régnez dans mon cœur la nuit et le jour.

2. O divin Jesus, Epoux des chastes ames,
Embrasez nos cœurs de vos divines flammes!
O mon bon Jesus, etc.

3. O céleste Amant! vous êtes admirable:
Je vous reconnais infiniment aimable.
O mon bon Jesus, etc.

4. Si votre beauté, mon Sauveur est charmante,
Votre charité n'est pas moins ravissante.
O mon bon Jesus, etc.

5. Bienheureux Martyrs, que je vous porte envie,
D'avoir pour Jesus immolé votre vie,
O mon bon Jesus, etc.

6. Quand s'accomplira le bonheur où j'aspire,
De pouvoir souffrir pour mon Dieu le martyre.
O mon bon Jesus, etc.

7. Si je n'atteins pas à ce bonheur extrême,
Pour le moins, Seigneur, que je meure à moi-même.
O mon bon Jesus, etc.

8. Car mourir à soi, c'est commencer de vivre,

Et le vrai moyen , mon Jesus de vous suivre ,
O mon bon Jesus, etc.

9. Quand viendra le jour qu'accompagné des Anges

Nous vous donnerons mille et mille louanges ?
O mon bon Jesus, etc.

10. Vivons donc pour vous, et que chacun s'écrie,
Vive donc Jesus , et vive aussi Marie.
O mon bon Jesus , etc.

XXIII, *Dans lequel Jesus invite l'Ame à son amour et à son service.*

Sur l'air : *Nous aimons les plaisirs champêtres.*

1, En secret le Seigneur m'appelle ,
Et me dit : donne—moi ton cœur ;
O mon Dieu ! vous voilà vainqueur !
Je vous serai toujours fidèle.
O mon Dieu ! vous voilà vainqueur !
Le monde n'est qu'un perfide , un trompeur.

2. Tout finit, tout nous abandonne ,
Les plaisirs s'en vont et les jeux :
Vous, Seigneur, n'êtes pas comme eux,
Prenez mon cœur, je vous le donne.
Vous, Seigneur, n'êtes pas comme eux :
Pour vous seront désormais tous mes vœux,

3. Que sans Dieu l'on est misérable !
Rien sans lui ne nous paraît doux ,
Mais sitôt qu'il est avec nous,
La peine même est agréable ;
Mais sitôt qu'il est avec nous,
D'un mauvais sort on ne craint point les coups.

4. Malheureux qui veut plaire aux hommes ;
On n'a pas toujours leur faveur :
Mais pour être amis du Sauveur,

Dés

Dès que nous voulons nous le sommes ;
Mais pour être amis du Sauveur,
En un moment on obtient ce bonheur.

5. Ah ! Seigneur, dans votre service
On n'a pas de fâcheux retours ;
On ne craint aucuns mauvais tours
De la brigue et de l'artifice :
On ne craint aucuns mauvais tours ,
On voit couler tranquillement ses jours.

6. Vous fixez notre inquiétude,
Vous pouvez seul nous contenter.
Votre joug est doux à porter ,
Celui du monde est bien plus rude :
Votre joug est doux à porter ,
A peu de frais le ciel peut s'acheter.

7. Le monde nous promet merveilles,
L'abord n'est qu'éclat, que beauté :
Mais après qu'il nous a flatté ,
Quel est le fruit de tant de veilles ?
Mais après qu'il nous a flatté ,
On voit trop tard qu'il n'est que vanité.

8. Ancienne, mais toujours nouvelle,
Ancienne , et nouvelle beauté ,
Je vous ai long-tems résisté ,
J'étais un ingrat , un rebelle ;
Je vous ai long-tems résisté ,
Enfin, mon Dieu, vous l'avez emporté.

9. Cherchez donc quelque solitude ;
Il est tems de songer à soi :
Ah ! Seigneur, augmentez ma foi,
Vous serez mon unique étude ;
Ah ! Seigneur, augmentez ma foi ,
Je veux en paix méditer votre loi.

D

XXIV. *Pour la Fête de la Purification de la très-sainte Vierge.*

Sur l'air : *Préparons-nous pour la Fête.*

1. Séchons nos yeux à l'aspect de Marie,
La source en doit être tarie :
L'aimable Rédempteur de tout le Genre-humain,
Le fruit de vie est sortie de son sein.

2. D'obéissance elle donne un exemple :
Quel zèle ! on la voit dans le Temple
Le quarantième jour de son Enfantement,
Dans ce saint lieu la conduit humblement.

3. Quoique sans tache , elle se purifie ;
Vertu digne d'être suivie !
Quand on ose s'offrir aux yeux du Tout-Puissant,
On ne saurait être assez innocent.

4. Elle présente à ce Dieu qui l'anime
Son Fils pour première victime.
A-t-on jamais offert tribut plus précieux ?
Ce Fils aimable est descendu des cieux.

5. A quels transports est livré ce Grand-Prêtre !
Il voit et son Père et son Maître !
Il tient entre ses bras le salut d'Israël,
Le Verbe chair, le Fils de l'Eternel.

6. Ah ! dit alors ce céleste Prophète,
Quel jour ! que ma joie est parfaite !
Je dois mourir en paix après un tel bonheur,
Du monde entier j'ai vu le Rédempteur.

7. De l'Eternel l'éclatante lumière
Enfin a frappé ma paupière.
Mes vœux sont satisfaits ; à la clarté des cieux,
Sans nul regret, je puis fermer les yeux.

8. Quel entretien pour Marie est plus tendre !
Quel plaisir elle a de l'entendre !

O Mère de Jesus, qu'en cet heureux moment
Votre humble cœur jouit d'un sort charmant!

9. Chaque parole à ses yeux fait connaître
Quel fruit de son sein vient de naître ;
Elle voit les humains, après son Rédempteur,
A ses vertus devoir tout leur bonheur.

10. Si tu n'étais digne d'être sa mère,
Ce Dieu serait-il notre père ?
Il lui fallait un sein aussi pur que le tien,
Et ton triomphe a précédé le sien.

11. Nous te devons et la grace et la gloire,
L'Enfer t'a cédé la victoire,
Nous voyons sous tes pieds le serpent écrasé,
Et par sa mort ton nom éternisé.

12. Que de trésors tu répands sur la terre !
Le calme succède à la guerre,
Les fers que nous portons pour jamais sont rompus
Et tous nos biens par toi nous sont rendus.

13. A tes enfans sois toujours favorable
Auprès de ton Fils adorable,
Sois toujours le canal des biens les plus parfaits ;
Confirme en nous l'innocence et la paix.

Les Cantiques suivans se chantent depuis la
Septuagésime jusqu'à Pâques.

XXV. *Qu'on ne doit pas s'attacher au monde.*

Sur l'air *de Joconde.*

1. Fuyez, cessez de me flatter,
Plaisirs trompeurs du monde,
Ce cœur que vous venez tenter
Sort d'une nuit profonde :
Sur vos faux biens j'ouvre les yeux,
C'est un éclat de verre,

D 2

Le vrai bonheur est dans les cieux,
Je renonce à la terre.

2. Quel est le prix de tes trésors,
Monde en malheurs fertile ?
Tu n'eus jamais qu'un faux dehors ;
Tu n'es qu'un fonds stérile.
Tu promets tout et ne tiens rien,
Malheur à qui t'écoute,
Pour aller au suprême bien
Il est une autre route.

3. Combien creuse-t-il de cercueils
Ce monde que l'on aime !
Il a mille fois plus d'écueils
Que n'en a la mort même ;
Souvent le calme nous endort,
Il survient un orage.
Tel qui se croyait dans le port
Est voisin du naufrage.

4. Cependant que ne fait-on pas
Pour ce monde perfide ?
On le suit, et vers le trépas
On court d'un pas rapide ;
On croit jouir d'un plein repos,
Même au milieu du crime,
Le vent soulève mille flots,
On tombe dans l'abîme.

5. Mais aux désirs ambitieux
Je veux que tout réponde,
Que sert-il, quand on perd les cieux,
De gagner tout le monde ?
Quoi ! voyons nous avec mépris,
Par une erreur extrême,
Cette ame rachetée au prix
Du sang de son Dieu même.

6. Quittons cette funeste erreur,
Fuyons ce précipice ;
Offrons à ce divin Sauveur
Cette ame en sacrifice :
Songeons à la purifier

Par des torrens de larmes,
Gardons de la sacrifier
A de perfides charmes.
   7. Plaisirs du monde, loin de nous,
Vous nous rendez coupables ;
Nous ne soupirons plus pour vous,
Richesses périssables.
N'aimons que le suprême bien,
Que Dieu seul nous engage ;
Dieu seul est digne d'un Chrétien,
Qu'il soit notre partage.

***

XXVI. *Sentimens de Reconnaissance et d'Amour.*

Sur l'air : *Des simples jeux de son enfance.*

Seigneur, dès ma première enfance,
Tu me prévins de tes bienfaits ;
Heureux si ma reconnaissance,
Dans mon cœur, les grave à jamais !
Le monde trompeur et volage,
En vain m'offrirait sa faveur,
Je n'en veux point, tout mon partage
Est de n'aimer que le Seigneur.
   Dieu règne en père dans mon ame,
Il en remplit tous les désirs,
Et l'amour pur dont il m'enflamme,
Vaut seul mieux que tous les plaisirs.
    Le monde, etc.
   Si je m'égare, il me rappelle,
Si je tombe, il me tend la main ;
Il me protége sous son aile,
Il me renferme dans son sein.
    Le monde, etc.
   Si je suis constant et fidèle

A conserver son saint amour;
Une récompense éternelle
M'attend dans son divin séjour.
Le monde, etc.

XXVII. *Combien est précieux le fruit que la parole de Dieu produit en nous.*

Sur l'air : *Je me désabuse aujourd'hui.*

1. C'EST dans votre Ecole, Seigneur,
Qu'on reçoit jusqu'au fond du cœur
Le doux fruit de votre parole :
C'est vous qui nous instruisez ;
Et si nos cœurs d'amour sont embrasés,
Seigneur, Seigneur, c'est dans votre Ecole.

2. Mon cœur vous écoute, parlez :
C'est vous seul qui nous consolez,
Qui du ciel nous ouvrez la route ;
Je ressens mille plaisirs,
Vous remplissez mes plus ardens désirs :
Parlez, parlez, mon cœur vous écoute.

3. Quelle ardeur secrète je sens,
Lorsqu'en moi vos divins accens
Font couler leur douceur parfaite ;
Rien ne me plaît en ces lieux,
Pour vous chercher dans le séjour des cieux
Je sens, je sens une ardeur secrète.

4. Quels trésors de graces, quels biens
Vous versez dans les cœurs chrétiens !
Les plaisirs volent sur vos traces,
Ils ne sont pas pour les sens,
Ces doux plaisirs, ces attraits innocens :
Quels biens ! quels biens ! quels trésors de graces ?

5. Parlez-nous sans cesse, parlez,
Dites-nous ce que vous voulez,

Secondez l'ardeur qui nous presse ;
Nous n'avons rien de plus doux
Que ce bonheur que vous versez en nous
Parlez, parlez, parlez-nous sans cesse.

XXVIII. *Sur les quatre fins de l'homme.*

Sur l'air : *Venez, venez, Esprit Saint.*

1. SOUVENEZ-VOUS, chrétiens, qu'il faut mourir,
Que votre corps au tombeau doit pourrir,
Et qu'on vous voit courir incessamment
A ce fatal et terrible moment.

2. Comme un larron la mort arrivera ;
Nous ne savons en quel tems ce sera ;
De ce moment aucun n'est assuré ;
Afin qu'on soit en tout tems préparé.

3. Quand le cœur est plein d'inutiles soins,
Que tout nous rit, qu'on y pense le moins,
Qu'on croit jouir d'une pleine santé,
La mort survient d'un pas précipité.

4. Lorsque notre ame, après de grands efforts,
Au tems prescrit aura quitté son corps,
Au même lieu, dans le même moment,
Dieu la fera paraître en jugement.

5. Tous les péchés que nous aurons commis,
Devant nos yeux à l'instant seront mis :
Ce Juge saint pésera nos vertus,
Et les bienfaits que nous aurons reçus.

6. Alors un Dieu plein de sévérité
Nous jugera pour une éternité :
Et sans délai, sans espoir de retour,
Nous subirons cet arrêt dès ce jour.

7. L'homme chargé d'un seul péché mortel,
Sera conduit au supplice éternel :
Il aura beau pousser de vains regrets,
Le feu d'enfer ne s'éteindra jamais.

8. Pouvons-nous bien penser à ce malheur,
Sans en trembler, sans en frémir d'horreur,
Et sans vouloir, par nos soins et nos vœux,
Fléchir ici ce Juge rigoureux ?

9. Mais le Juste plein de tranquillité,
Doit du Sauveur éprouver la bonté :
Qu'heureusement seront récompensés,
Et ses douleurs, et ses travaux passés !

10. Tout revêtu de gloire et de clarté,
Au haut des cieux il sera transporté :
En l'énivrant d'un torrent de plaisirs,
Dieu pleinement comblera ses désirs.

11. Pour embrasser la croix avec ardeur,
Considérons ce souverain bonheur :
Quoi qu'il en coûte et qu'il puisse arriver,
Efforçons-nous, chrétiens, de nous sauver.

XXIX. Sur la mort.

Air : *Bénissez le Seigneur suprême.*

1. Nous passons comme une ombre vaine,
Nous ne naissons que pour mourir.
Quand la mort doit-elle venir ?
    L'heure en est incertaine.

2. La mort à tout âge est à craindre.
Chaque pas conduit au tombeau :
Tous nos jours ne sont qu'un flambeau ;
    Qu'un souffle peut éteindre.

3. Je vois un torrent en furie
Disparaître après un moment :
Hélas ! aussi rapidement
    S'écoule notre vie.

4. Dans nos jardins la fleur nouvelle
Ne dure souvent qu'un matin,
Tel est, mortels, votre destin ;
    Vous passerez comme elle.

5. La mort doit tout réduire en poudre,
Vous mourrez, superbes guerriers :
N'espérez pas que vos lauriers
    Vous sauvent de la foudre.

6. Vous qu'on adore sur la terre,
Vous périrez vaine beauté ;
Vous avez la fragilité
    Comme l'éclat du verre.

7. Vous qui faites trembler les autres,
Rois arbitres de notre sort,
Vous êtes sujets à la mort
    Ainsi que tous les vôtres.

8. Pourquoi donc cette attache extrême
Aux biens, aux honneurs, aux plaisirs ?
Hélas ! tout ce qui doit finir
    Mérite-t-il qu'on l'aime ?

9. Que la mort peut être funeste !
Que ce passage est important !
C'est ce seul et fatal instant
    Qui décide du reste.

10. Ah ! tandis que tout m'abandonne,
Anges, ne m'abandonnez pas.
C'est du dernier de mes combats
    Que dépend ma couronne.

11. Et vous, ô Vierge débonnaire !
Venez ranimer mon ardeur :
Je suis un perfide, un pécheur ;
    Mais vous êtes ma mère.

12. Si je mérite tes vengeances,
Ah ! grand Dieu, regarde ton Fils ;
Il va t'offrir pour moi le prix
    De toutes ses souffrances.

13. C'est lui qui bannit nos alarmes
Dans ce redoutable moment ;
Quand on peut mourir en l'aimant,
    Que la mort a de charmes !

————————

E

XXX. *Sur la nécesssité du Salut.*

Sur l'air : *Des folies d'Espagne.*

1. FUT-IL jamais erreur plus déplorable ?
Nous désirons les faux biens d'ici-bas ;
Et le salut, le seul bien véritable,
Hélas ! nos cœurs ne le désirent pas.

2. Sommes-nous faits pour des biens si fragiles,
Qu'on voit passer ainsi qu'une vapeur,
Et qui pour nous en maux, sont si fertiles ?
Ah ! de tels biens sont-ils le vrai bonheur ?

3. Un Dieu, pour nous, souffre une mort honteuse,
Qu'une ame est donc d'une grande valeur ?
Et pour un rien cette ame précieuse,
Nous l'exposons à l'éternel malheur.

4. Perdre son ame, ô perte inestimable !
Quel bien pourrait nous en dédommager ?
De tous les maux, c'est le seul redoutable :
Tout autre mal n'est qu'un mal passager.

5. En vain placés au sein de l'abondance,
Nous jouissons du bonheur le plus doux ;
Gloire, plaisirs, emplois, biens, opulence,
Sans le salut, tout est perdu pour nous.

6. Y pensons-nous, insensés que nous sommes
Nous ne courons qu'après la vanité ;
Dieu tout-puissant ! quand verra-t-on les hommes
plus occupés de leur éternité ?

Pour le Saint Tems de Carême.

XXXI. *La facilité et les avantages de la Pénitence.*

Sur l'air : *Étre des Étres.*

1. LA Pénitence
A de véritables appas ;
Ceux qui redoutent sa puissance,
Sans doute ne connaissent pas
La Pénitence.

2. Pendant qu'on pleure,
Et qu'on se livre à la douleur,
Le plaisir augmente à toute heure ;
On goûte un souverain bonheur,
Pendant qu'on pleure.

3. Un peu de larmes
Éteint les flammes des enfers :
La justice devient sans armes ;
Versons donc pour briser nos fers
Un peu de larmes.

4. Homme rebelle
Aux ordres de ton Créateur,
En vain ton ame criminelle
Cherche ici-bas quelque douceur,
Homme rebelle.

5. Malgré les charmes
Des faux biens et des faux plaisirs
Ton cœur saisi de mille alarmes
Ne peut contenter ses désirs,
Malgré les charmes.

6. La douce peine,
Que l'on endure en vous aimant ?
Dieu d'amour, bonté souveraine,

E 2

Que l'on respecte à tous momens
La douce peine.

7. Demandez grace
Aux pieds des sacrés Tribunaux,
Prévenez l'horrible menace
Qui vous annonce mille maux ;
Demandez grace.

8. Versez des larmes,
Faites entendre vos soupirs ;
Dieu s'apprête à rendre les armes ,
Il comblera tous vos désirs.
Versez des larmes.

9. Quand je l'implore,
Il calme son juste courroux :
C'est lui seul qu'il faut que j'adore
Je sens les transports les plus doux ,
Quand je l'implore.

XXXII. *Sur les six points de la Confession.*

Sur l'air : *Du Héros triomphant.*

1. Toi qui veux t'approcher
De l'auguste (*bis*) Mystère,
Apprends auparavant
Tout ce que tu dois faire.

2. Ton cœur enseveli
Dans une ombre (*bis*) funeste ;
D'abord doit recourir
A la faveur céleste.

3. Si le ciel à tes vœux
Se veut rendre (*bis*) propice ,
Sers-toi de sa lueur
Pour découvrir ton vice.

4. Quand tu l'auras connu,
Sois docile (*bis*) et sincère,

Et meurs, si tu le peux,
D'une douleur amère.

5. Fais un ferme propos,
Que t'importe (*bis*) qu'on gronde,
Un cœur qui cherche Dieu
N'écoute plus le monde.

6. Aux pieds du confesseur
Va répandre (*bis*) ton ame,
Et fais voir par tes pleurs
Qu'un saint amour t'enflamme.

7. S'il refuse la paix,
S'il est rude (*bis*) et sévère,
C'est qu'il veut te punir
Et te traiter en Père.

8. Que s'il trouve à propos
De remettre (*bis*) ton crime,
Sois d'un saint repentir
L'amoureuse victime.

XXXIII. *Acte de Contrition.*

Sur l'air : *Vous brillez seul en ces retraites.*

1. DIVIN Seigneur, je vous implore,
Jetez les yeux sur un cœur repentant ;
Hélas ! j'ose prétendre encore,
De me voir (*bis*) à jamais content.

2. Voyez couler mes tristes larmes,
Mon tendre cœur de douleur est brisé ;
Il sent de mortelles alarmes,
Mais d'amour (*bis*) il est embrâsé.

3. Non, ma douleur n'est point servile
Elle est plutôt un enfant de l'amour :
Mon cœur à vos ordres docile,
Pour jamais (*bis*) vous aime en ce jour.

4. O jour heureux ! bonheur suprême !

E 3

J'aime ce Dieu que j'ai tant offensé :
Mais c'est pour toujours que je l'aime,
Que pour lui (*bis*) mon sang soit versé.

5 J'ai mérité votre colère,
Je redoutais un Dieu juste et vengeur,
Ce Dieu daigne encore être Père,
Doux espo r(*bis*) tu nais dans mon cœur

6. J'espère tout de sa tendresse,
Je vois son sang se répandre sur moi,
Pour moi ce grand Dieu s'intéresse,
C'en est fait (*bis*), je n'ai plus d'effroi.

7. Que mon destin fut déplorable,
Lorsque sur moi j'attirai son courroux !
Seigneur , je ne suis plus coupable,
Je vivrai (*bis*), je mourrai pour vous.

8. Je sens en moi la grace naître,
A son secours je dois mon repentir :
Satan jusqu'ici fut mon maître,
De ses fers (*bis*) Dieu m'a fait sortir.

9. Dieu de bonté , Sauveur propice,
Source d'amour et de biens précieux,
Sur moi que jamais ne tarisse
Ce trésor (*bis*) qui me vient des Cieux.

10. Ce saint trésor, c'est votre grace !
Vous la versez à grands flots dans mon sein,
Par elle mon crime s'efface,
Mon espoir (*bis*) ne peut être vain.

11. Un cœur contrit qui s'humilie,
Par son Sauveur n'est jamais rejetté ;
Jamais un bon père n'oublie
Un enfant (*bis*) qu'il a racheté.

12. Accordez-moi, non comme Juge,
Mais comme Père , un pardon généreux ;
En vous je mets tout mon refuge,
Par vous seul (*bis*) je puis être heureux.

13. Qu'à mes désirs mon Dieu réponde ;
Par votre sang dont je fus arrosé,
Versez votre Grace féconde
Sur un cœur (*bis*) de douleur brisé.

XXXIV. *La vie mortelle de J. C. proposée aux Chrétiens pour modèle.*

Sur l'air : *Afin d'être docile et sage.*

1. Si vous voulez avoir la gloire
D'être Disciples du Sauveur,
Lisez sans cesse son Histoire,
Pour la graver dans votre cœur.

2. Vous voyez d'abord sa naissance,
Dans un état de pauvreté ;
Vous savez quelle est sa puissance,
Admirez son humilité.

3. Vous le voyez dans une crèche,
Couché parmi des animaux ;
Ce n'est pas l'orgueil qu'il vous prêche,
Cet orgueil, source de vos maux.

4. Sa Mère le présente au Temple ;
Il y paraît en criminel ;
Qu'il vous laisse un puissant exemple
Ce Dieu, ce Fils de l'Eternel !

5. Trop fiers, quoique chargés de crimes,
Rarement vous vous préparez
A vous offrir comme victimes
Au pied de ses autels sacrés.

6. De l'Orient viennent trois Mages,
On les voit en chrétiens naissans,
A ses pieds porter leurs hommages,
Offrir l'Or, la Myrrhe et l'Encens.

7. Le reconnaissez vous pour Maître,
Avec cette fidèle ardeur ?
Etes-vous tels que l'on doit être
Aux pieds de ce divin Seigneur ?

8. A douze ans Joseph et sa Mère
Le trouvent prêchant aux Docteurs,

E 4

Il les instruit, il les éclaire,
Il confond leurs vaines erreurs.

9. La gloire de son Evangile
Vous touche-t-elle d'aussi près?
Vous n'avez qu'une foi stérile,
Une foi qui n'agit jamais.

10. Ecoutez les divins Oracles;
Les peuples volant sur ses pas,
Voyez l'éclat de ses miracles,
Il ne vous en demande pas.

11. Mais du moins cet aimable Maître
Vous demande la charité,
Qu'à tous momens il fait paraître
Envers l'humaine infirmité.

12. Il passe dans un jeûne austère
Quarante jours, quarante nuits,
Vous n'aimez que la bonne chère:
Quels exemples! quels tristes fruits!

13. Quoiqu'il soit l'innocence même,
Des scélérats il a le sort;
Contre un Dieu, contre un Roi suprême,
On prononce un arrêt de mort.

14. Après les plus rudes souffrances
Il meurt enfin sur une Croix;
Pour relever nos espérances,
De cet opprobre il a fait choix.

15. Lorsque vous voyez qu'il se livre
Pour vous aux horreurs du trépas,
Ah! si pour lui vous n'osez vivre,
Vous n'êtes que des fils ingrats.

XXXV. *En l'honneur de Saint Joseph.*

Sur l'air : *Tout cela m'est indifférent.*

1. PEUPLES Chrétiens, assemblez-vous,
Venez louer un chaste époux:

Joseph est cet époux fidele,
Qui, digne d'un choix glorieux,
Fut joint à la source immortelle
Des plus riches trésors des Cieux.

2. Si, par un don du Saint-Esprit,
Marie a conçu Jesus-Christ,
Joseph, à ce sacré Mystère
Mérite d'être associé ;
Aux yeux de tous il est cru père
Du Rédempteur crucifié.

3. Dépositaire d'un trésor
Cent fois plus précieux que l'or,
Il le conserve pour le monde,
Le nourrit de ses propres mains,
Et devient la source féconde
Du salut de tous les humains.

4. Dans une crèche, sans secours,
Il voit briller ses premiers jours ;
Il entend les concerts des Anges,
D'un Dieu naissant brillante cour:
Tandis qu'ils chantent ses louanges,
Il admire et brûle d'amour.

5. Un Roi cruel et furieux,
Fait-il la guerre au Roi des Cieux ?
Joseph, par un esprit céleste,
Du noir complot est seul instruit:
Il cherche un séjour moins funeste ;
C'est en Egypte qu'il s'enfuit.

6. L'Ange a-t-il rassuré son cœur?
Il revient avec le Sauveur ;
Quelle autre frayeur il éprouve,
Quand il perd ce divin enfant !
Mais par bonheur il le retrouve
Dans le saint Temple triomphant.

7. Tour-à-tour il se sent saisir
Et de douleur et de plaisir ;
Le ciel l'afflige et le console
Par des événemens divers ;

Il sait que si son Fils s'immole ,
C'est pour sauver tout l'Univers.

8. Il meurt enfin entre ses bras ;
Est-il un plus heureux trépas ?
Ce n'est mourir qu'en apparence,
Son nourrisson ferme ses yeux ;
Mais il lui laisse l'espérance
De vivre à jamais dans les cieux.

9. C'est dans les lymbes qu'il attend
Le prix d'un triomphe éclatant ;
Le Rédempteur comblé de gloire,
Lui-même vient briser ses fers :
Il a remporté la victoire
Sur la mort et sur les Enfers.

10. Chrétiens, qui voulez être heureux
Sur ce grand Saint réglez vos vœux ;
Songez qu'une vie éternelle
Vous est promise après la mort ;
Joseph est un flambeau fidèle,
Dont l'éclat vous conduit au port.

XXXVI. *La Passion de Notre Seigneur J. C.*

Sur l'air : *Que ne suis-je la fougère.*

1. Au sang qu'un Dieu va répandre,
Ah ! mêlez du moins vos pleurs ,
Chrétiens qui venez entendre
Le récit de ses douleurs.
Puisque c'est pour vos offenses
Que ce Dieu souffre aujourd'hui,
Animés par ses souffrances,
Vivez et mourez pour lui.

2. Dans un jardin solitaire,
Il sent de rudes combats ;
Il prie, il craint, il espère ;

Son cœur veut et ne veut pas :
Tantôt la crainte est plus forte,
Et tantôt l'amour plus fort ;
Mais enfin l'amour l'emporte,
Et lui fait choisir la mort.

3. Judas, que la fureur guide,
L'aborde d'un air soumis ;
Il l'embrasse, et ce perfide
Le livre à ses ennemis.
Judas, un pécheur t'imite,
Quand il feint de l'appaiser ;
Souvent sa bouche hypocrite
Le trahit par un baiser.

4. On l'abandonne à la rage
De cent tigres inhumains ;
Sur son aimable visage
Les soldats portent leurs mains.
Vous deviez, Anges fidèles,
Témoins de ces attentats,
Ou le mettre sous vos ailes,
Ou frapper tous ces ingrats.

5. Ils le traînent au Grand-Prêtre,
Qui seconde leur fureur,
Et ne veut le reconnaître
Que pour un blasphémateur.
Quand il jugera la terre,
Ce Sauveur aura son tour :
Aux éclats de son tonnerre
Tu le connaîtras un jour.

6. Tandis qu'il se sacrifie,
Tout conspire à l'outrager.
Pierre lui-même l'oublie,
Et le traite d'étranger :
Mais Jésus perce son ame
D'un regard tendre et vainqueur,
Et met d'un seul trait de flammes
Le repentir dans son cœur.

7. Chez Pilate, on le compare
Au dernier des scélérats :

Qu'entends-je ? ô peuple barbare !
Tes cris sont pour Barrabas ;
Quelle indigne préférence !
Le juste est abandonné ;
On condamne l'innocence,
Et le crime est pardonné.

8. On le dépouille, on l'attache,
Chacun arme son courroux :
Je vois cet agneau sans tache
Tombant presque sous les coups.
C'est à nous d'être victimes ;
Arrêtez, cruels bourreaux !
C'est pour effacer vos crimes
Que son sang coule à grands flots.

9. Une couronne cruelle
Perce son auguste front :
A ce chef, à ce modèle,
Mondains, vous faites affront.
Il languit dans les supplices,
C'est un homme de douleurs :
Vous vivez dans les délices,
Vous vous couronnez de fleurs.

10. Il marche, il monte au Calvaire,
Chargé d'un infâme bois :
De là , comme d'une chaire,
Il fait entendre sa voix :
Ciel, dérobe à la vengeance
Ceux qui m'osent outrager :
C'est ainsi, quand on l'offense,
Qu'un chrétien doit se venger.

11. Une troupe mutinée
L'insulte et crie à l'envi :
S'il changeait sa destinée,
Nous croirions tous en lui.
Il peut la changer sans peine,
Malgré vos nœuds et vos clous ;
Mais le nœud qui seul l'enchaîne,
C'est l'amour qu'il a pour nous.

12 Ah ! de ce lit de souffrance,

Seigneur, ne descendez pas ;
Suspendez votre puissance ,
Restez-y jusqu'au trépas.
Mais tenez votre promesse ,
Attirez-nous après vous ;
Pour prix de votre tendresse,
Puisions-nous y mourir tous !
   13. Il expire , et la nature
Dans lui pleure son Auteur ;
Il n'est point de créature
Qui ne marque sa douleur.
Un spectacle si terrible
Ne pourra-t-il me toucher ,
Et serai-je moins sensible
Que n'est le plus dur rocher ?

Les Cantiques suivans se chantent depuis Pâques
   jusqu'au Dimanche d'après l'Ascension.

XXXVII. *Pour le jour de Pâques.*

Sur l'air : *Préparons-nous pour la fête nouvelle.*

  1. RASSEMBLONS-NOUS pour la Fête nouvelle ;
Partout qu'elle soit solennelle ;
Le Père des Croyans sort vainqueur du tombeau ;
Pour les Chrétiens est-il un jour plus beau ?
   2. O jour heureux , dit l'Eglise ravie !
O jour qui nous donne la vie !
O jour qui rend enfin notre bonheur parfait !
O jour charmant que le Seigneur a fait !
   3. Ce jour remplit les célestes oracles ;
Ce jour est le sceau des miracles,
Ce jour , cet heureux jour confirme notre foi ;
Tout l'Univers reconnaîtra son Roi.
   4. D'un jour si beau consacrons la mémoire ;

Qu'il soit éternel dans l'histoire :
Des peuples attentifs qu'il soit l'étonnement ;
De nos désirs c'est l'accomplissement.

5. En vain les Juifs, dont la rage succombe,
De gardes entourent la tombe :
Ces gardes assemblés sont glacés de frayeur ;
Ils sont témoins du grand jour du Seigneur.

6. Au Dieu vivant s'ils déclarent la guerre,
Son bras les renverse par terre ;
Par un éclat nouveau leurs yeux sont éblouis,
Et l'Eternel voit triompher son Fils.

7. Ne verse plus, triste et tendre Marie,
Des pleurs dont la source est tarie :
Non, pour un jour si beau les pleurs ne sont pas
      faits !
Ton cher amant les sèche pour jamais.

8. D'un jardinier la trompeuse apparence
La tient quelque tems en balance :
Mais d'une bouche aimée un seul mot prononcé,
Ne laisse plus son esprit balancé.

9. Dès qu'à sa voix elle croit reconnaître
Son Dieu, son Amant, son bon Maître,
Vers cet objet si cher elle hâte ses pas :
Viens, lui dit-il, mais ne me touche pas.

10. L'éclat nouveau de sa gloire immortelle
Retient cette amante fidelle ;
Elle obéit aux lois qu'il lui donne à l'instant,
Pour le servir son zèle est éclatant.

11. Pour rassurer son Eglise timide,
D'abord d'une course rapide
Elle vole en des lieux où tout est plein de deuil,
Pour avoir vu le Seigneur au cercueil.

12. Dès qu'elle voit cette troupe choisie,
Pour lors de tristesse saisie :
Victoire, leur dit-elle, est-il tems de pleurer ?
Le ciel pour vous vient de se déclarer.

13. J'ai vu Jesus, je l'ai vu, poursuit-elle,
Brillant d'une gloire nouvelle ;
Son amour pour long-tems ne le peut arrêter ;

En Galilée il va vous précéder.

14. Quels sont alors vos plaisirs, saints Apôtres !
Eh bien ! vos plaisirs sont les nôtres,
Ce Dieu qui nous prévient, nous cherche à notre
        tour ;
Nous ressentons les traits d'un même amour.

15. La mort sur nous n'aura plus de puissance ;
Sur nous vainement elle avance :
L'enfer pour les Chrétiens se ferme désormais,
Et dans le ciel nous vivrons à jamais.

XXXVIII. *Pour le tems de Pâques.*

Sur l'air : *O Filii.*

1. Séchez les larmes de vos yeux,
Le Roi de la terre et des cieux
Est ressuscité glorieux. *Alleluia, etc.*

2. Trois saintes d'un dessein pieux,
Vinrent, de baume précieux,
Oindre le corps du Roi des cieux. *Alleluia, etc.*

3. Un Ange assis, plein de splendeur,
Leur dit : consolez votre cœur ;
En Galilée est le Seigneur. *Alleluia, etc.*

4. Deux Disciples, dès le matin,
Etant venus dans le jardin,
Vers le tombeau du Souverain. *Alleluia, etc.*

5. Le Disciple aimé chèrement,
Court devant Pierre promptement,
Vient le premier au monument. *Alleluia, etc.*

6. En ce tems saint et glorieux,
Chantons des chants délicieux,
En bénissant le Roi des cieux. *Alleluia, etc.*

7. Rendons-lui graces humblement,
Et le prions dévotement
Qu'il nous conduise au Firmament. *Alleluia, etc.*

8. Jesus triomphe du trépas :
Marchons sans cesse sur ses pas :
Pourquoi ne le suivons-nous pas. *Alleluia, etc.*

9. Pour célébrer un jour si beau,
Sortons de la nuit du tombeau,
Imitons cet Adam nouveau. *Alleluia, etc.*

10. Pour vivre avec ce Roi des Rois,
Expirons au pied de sa croix ;
Que ses exemples soient nos lois. *Alleluia, etc.*

XXXIX. *Sur la vanité des plaisirs du monde.*

Sur un air nouveau.

1. ADIEU, plaisirs volages,
Adieu, plaisirs trompeurs ;   *bis.*
Vous perdez les gens sages.
Par vos avantages :
Vous enchantez les cœurs,
Adieu, plaisirs trompeurs.

2. Malheureux qui se fonde
Sur les biens passagers   *bis.*
Que lui promet le monde ;
Soit qu'il flatte, ou qu'il gronde,
Ses biens sont passagers,
Et ses maux sont légers.

3. Une vaine espérance
S'envole et nous séduit,   *bis.*
Une fausse apparence,
Contre ce que l'on pense,
Comme un songe de nuit,
S'envole et nous séduit.

4. Ne prétends pas, mon ame,
Etre heureuse ici-bas,   *bis.*
Quelque ardeur qui t'enflamme,
Et quoique ton cœur trame,
Jamais tu ne pourras
Etre heureuse ici-bas.

5. Jesus seul est aimable :
Je veux n'aimer que lui.   *bis.*
Sa bonté secourable
M'est toujours favorable :

C'es

C'est mon unique appui,
Je veux n'aimer que lui.

XL. *Sur les Commandemens de Dieu.*

Sur l'air : *Être des Êtres.*

1. Dieu seul adore,
Crains et révère à tout moment ;
Et puisqu'il veut que l'on l'honore,
Et qu'on l'aime parfaitement, * Dieu seul adore.

2 En vain ne jure * Son Nom ni sa Divinité,
Ni ta foi, ni sa créature ;
Car c'est sa sainte volonté, * En vain ne jure.

3. D'un cœur sincère, * Les Dimanches tu gar-
En ces saints jours à Dieu ton Père   (deras,
Dons et prières tu feras * D'un cœur sincère.

4. Ton père honore * Et ta mère pareillement,
Notre Dieu que l'Eglise adore,
Te fera vivre longuement. * Ton père honore.

5. Un homicide * Ta main ni ton cœur ne fera :
Si Dieu punit un fratricide,
De même un jour il punira * Un homicide.

6. Quitte le vice * De luxure et de volupté :
Et pour fuir de Dieu la justice,
De corps, de cœur, de volonté * Quitte le vice.

7. Le bien ne vole, * Ni retiens volontairement ;
Si tu veux que Dieu te console,
Dans ce lieu de bannissement, * Le bien ne vole.

8. Faux témoignage * Ne pense et ne dis désor-
Mensonge ne mets en usage,   (mais,
Bannis de ta bouche à jamais * Faux témoignage.

9. Rien ne désire * Qui fasse tort à ton prochain,
Laisse sa femme et ne soupire
Ni pour elle ni pour son bien. * Rien ne désire.

10. Tant de poursuites * Pour dérober le bien
N'auront que de mauvaises suites ;   (d'autrui.
Laisse pour ton bien aujourd'hui
Tant de poursuites.

F

Les Commandemens de l'Eglise.

1. Les jours de Fêtes
Qui te sont de commandement,
Entends la Messe et fais retraite,
Et célèbre dévotement * Les jours de Fêtes.

2. Viens à confesse * A tout le moins une fois
Quitte le vice qui te presse,   (l'an
Et com ne un véritable enfant , * Viens à confesse.

3. Observe encore * De recevoir ton Créateur
A Pâques au moins ; viens et l'adore,
Et fais-le régner dans ton cœur, * Observe encore.

4. D'un soin extrême * Garde les jeûnes tous les
Des vigiles et de carême ;   (ans
Observe aussi les Quatre Tems * D'un soin extrême.

5. En vrai fidèle * Vendredi chair ne mangeras
Et dans cette abstinence et zèle,
Le samedi tu passeras * En vrai fidèle.

6. Donne la dîme ;
Hors le tems, nôces ne feras,
Et c'est commettre un très-grand crime
Devoir à Dieu, ne payer pas. * Donne la dîme.

XLI. *Sur la Prière du matin.*

Sur l'air : *On dit partout que je cherche , etc.*

1. Dès le matin rendons notre humble hommag.
Au Tout-Puissant , au Dieu qui nous a faits.
Il nous engage * Par ses bienfaits,
A le bénir et prendre pour jamais
Son doux amour pour notre heureux partage.

2. Que dans le jour sa divine présence
Rende nos cœurs attentifs à sa voix,
Que rien n'offense * Ce Roi des Rois ;
Mais que soumis à ses aimables lois,
Nous le servions avec reconnaissance.

3. Gardons nos cœurs et nos sens de surprise ;
Veillons sans cesse, et prions-le toujours
Qu'il nous conduise, * Et qu'en nos jours,
De ses bontés rien n'arrêtant le cours
Nous soyons purs, et rien ne nous séduise.

4. Cherchons le ciel ; mais sans inquiétude,
Quittons la terre : elle est vide de bien,
C'est-là l'étude * Du vrai chrétien,
Et pour celui qui ne désire rien,
Le monde entier n'est qu'une solitude.

5. De nos péchés conservons la mémoire ;
Effaçons-les tous les jours par nos pleurs.
Il nous faut boire, * Comme pécheurs,
Dans le calice où l'homme de douleurs
But avant nous pour entrer dans sa gloire.

6. Aimons la croix, Jesus est le modèle
Qu'il nous faut suivre ici-bas, ou périr ;
Le vrai fidèle * Aime à souffrir.
C'est sur la croix qu'il doit vivre et mourir,
Pour mériter la couronne éternelle.

XLII. *Pour la Fête de l'Ascension.*

Sur l'air : *Quel plaisir d'aimer sans contrainte.*

1. DE quel bruit les airs * Retentissent !
Mille doux concerts * Se réunissent ;
Un céleste chœur * Se fait entendre,
Qu'il a de douceur ! * Rien n'est plus tendre.

2. Quel éclat nouveau * Nous enchante !
Dans un jour si beau * Que chacun chante :
Jesus monte aux cieux * Comblé de gloire :
Qu'on parle en tous lieux * De sa victoire.

3. On voit avec lui * Les saints Pères,
Il leur sert d'appui * Dans leur misère ;
Du fond des enfers * Il les amène :
Ils n'ont plus de fers, * Ni plus de peine.

4. Qu'ils sont satisfaits * De leurs larmes !

F 3

Une heureuse paix * Suit leurs alarmes,
Le plus doux destin * Est leur partage!
Dieu leur rend enfin * Leur héritage.

5. Ah! pour notre sort * Quel présage!
Il nous montre un port * Après l'orage.
Contre les enfers * Dieu nous seconde;
Les cieux sont ouverts * Pour tout le monde.

6. Mais pour arriver * A la gloire
Il faut s'élever * Par la victoire;
Trop heureux l'instant * Qui nous la donne:
C'est en combattant * Qu'on se couronne.

7. Marchons sur les pas * D'un Dieu même;
N'abandonnons pas * Ce Roi suprême.
S'il fut accablé * Sous les souffrances,
Son Père a comblé * Ses espérances.

8. C'est le seul chemin * Qu'il faut prendre,
Un ciel plus serein * Nous doit attendre.
Jesus nous conduit * Cherchons sa gloire,
Le ciel est le fruit * De la victoire.

XLIII. *Qu'il faut n'aimer que Dieu seul.*

Sur l'air: *Que n'aimez-vous, cœurs insensibles?*

1. Amour Divin, * Brûlez nos ames;
Amour Divin, * Régnez sans fin.
Faites si bien sentir vos flammes,
Que l'on n'aime plus rien d'humain:
Amour divin, brûlez nos ames,
Amour divin, * Régnez sans fin.

2. Loin de nos cœurs, * Amour du monde,
Loin de nos cœurs, Vaines ardeurs,
Vous êtes la source féconde
De tout ce qu'on voit de malheurs. Loin, etc.

3. Il n'est qu'un bien * Qui soit aimable;
Il n'est qu'un bien * Pour un chrétien;
Ce bien est à jamais durable,
Tout autre dure moins que rien. Il n'est, etc.

4. Bien précieux, * Bien plein de charmes ;
Bien précieux, * Tu viens des cieux :
Tu ne nous causes pas d'alarmes
Comme les biens de ces bas lieux. Bien, etc.

5. Qu'il a d'appas ! * Ce bien suprême,
Qu'il a d'appas ! * Hâtons nos pas.
Suivons un Dieu, ce Dieu nous aime ;
Eh ! pourquoi ne l'aimons-nous pas ! Qu'il, etc.

6. Descends sur nous, * Divine Grace,
Descends sur nous, * Rien n'est si doux :
Quel beau chemin ta main nous trace !
Que les chrétiens te suivent tous. Descends, etc.

7. Quel heureux sort * Dieu nous prépare,
Quel heureux sort suivra ma mort !
Quel charme de mon cœur s'empare !
Je sens le plus ardent transport. Quel, etc.

8. Ah ! je les sens, * Ces biens aimables,
Ah ! je les sens * Qu'ils sont charmans !
Que je les trouve préférables
A tous ceux que goûtent les sens. Ah ! etc.

9. N'aimez que lui, * Troupe fidèle ;
N'aimez que lui : * Dès aujourd'hui
Courez à la gloire éternelle,
Ce Dieu vous promet son appui. N'aimez, etc.

10. Heureux cent fois * Qui suit ses traces :
Heureux cent fois * Qui suit ses lois :
Que son amour répand de grâces !
Ses serviteurs valent des Rois.
Heureux cent fois * Qui suit ses traces !
Heureux cent fois * Qui suit ses lois !

XLIV. *Pour le jour de la Pentecôte.*

1. Esprit saint, comblez nos vœux,
Embrâsez nos ames
Des plus vives flammes ;
Esprit saint, comblez nos vœux,

Embrasez nos ames
De vos plus doux feux. Esprit, etc.

2. Seul auteur de tous les dons,
De vous seul nous attendons
Tout notre secours,
Dans ces saints jours. Esprit, etc.

3. Sans vous, en vain du don des cieux
Les rayons précieux
Brillent à nos yeux ;
Sans vous notre cœur
N'est que froideur. Esprit, etc.

4. Voyez notre aveuglement,
Nos maux, notre égarement ;
Rendez-nous à vous,
Et changez-nous. Esprit, etc.

5. Sur nos esprits, Dieu de bonté,
Répandez la clarté
Et la vérité ;
Préparez nos cœurs
A vos faveurs. Esprit, etc.

6. Donnez-nous ces purs désirs,
Ces pleurs saints, ces vrais soupirs
Qui des grands pécheurs
Changent les cœurs. Esprit, etc.

7. Donnez-nous la docilité,
Le don de pureté
Et de piété,
L'esprit de candeur
Et de douceur. Esprit, etc.

8. Etouffez notre tiédeur,
Réchauffez notre ferveur,
Rassurez nos pas
Dans nos combats. Esprit, etc.

9. Sanctifiez nos jours naissans,
Et nos jours florissans
Et nos derniers ans ;
Que tous nos instans
Soient innocens. Esprit, etc.

XLV. *Sur le Sacrement de Confirmation.*

Sur l'air : *Afin d'être docile et sage.*

1. Enfant de Dieu par le Baptême,
J'aspire à la perfection
Que le Saint-Esprit par lui-même,
Donne en la Confirmation.

2. Il faut que tout chrétien surmonte
La chair, le monde et le démon :
Il doit suivre Jesus sans honte ;
Sans crainte confesser son Nom.

3. Cette force nous est donnée
Quand l'Evêque impose les mains,
Ou qu'il fait l'Onction sacrée,
Et qu'il invoque l'Esprit-Saint.

4. Le Chrême fait de baume et d'huile,
Marque l'agréable douceur
Qui fait observer l'évangile
Et répandre sa bonne odeur.

5. La croix sur le front imprimée
Marque qu'il n'en faut pas rougir;
D'un soufflet la joue est frappée,
Pour nous apprendre à tout souffrir.

6. Il faut donc que l'on se prépare
Au plutôt à ce Sacrement
Utile à tous; mais il est rare,
Qu'on le reçoive dignement.

7. Corrigez le mal que vous faites,
Sachez votre Religion ;
Unis de cœur dans la retraite,
Persévérez en oraison.

8. Esprit Saint, venez dans nos ames,
Eclairez-les de vos rayons ;
Brûlez-nous de vos saintes flammes,
Remplissez-nous de tous vos dons.

XLVI. *Pour la Fête de la Très-Sainte Trinité.*

Sur l'air : *O sacré Paradis, etc.*

1. AUGUSTE Trinité, * Adorable Unité,
Indivisible Essence,
Trois personnes n'ont qu'un pouvoir,
Q'une sagesse et qu'un vouloir,
Qu'une même substance.

2. Mystère ravissant ! * Le Père tout-puissant,
Se contemplant soi-même,
Engendre son Fils, et produit
Avec lui le très-saint-Esprit,
Acte d'amour suprême.

3. Cette Spiration, * et Génération,
Pure et continuelle,
N'eut jamais de commencement,
N'aura ni fin ni changement ;
Car elle est éternelle.

4. O infinie grandeur, * Hauteur et profondeur,
De l'Essence divine, * Source de bénédictions,
Où toutes les perfections * Prennent leur origine.

5. Doux Océan profond,
Et sans borne et sans fond,
Ne te pouvant comprendre,
Je viens dans tes flots m'engloutir,
Et je n'en veux jamais sortir,
Mais tout à toi me rendre.

XLVII. *Invitation aux enfans qui doivent communier.*

Sur l'air : *Dans cette étable.*

TROUPE innocente
D'enfans chéris des cieux !
Dieu vous présente

Son

Son festin précieux.
Il veut, ce doux Sauveur,
Entrer dans votre cœur.
Dans cette heureuse attente
Soyez pleins de ferveur,
   Troupe innocente.

Acte de Foi et d'Adoration.
   Mon divin Maître,
Par quel amour, comment
   Daignez-vous être
Dans votre Sacrement ?
Vous y venez pour moi :
Plein d'une vive foi,
J'y viens vous reconnaître
Pour mon Sauveur, mon Roi,
Mon divin Maître,

   Acte d'Humilité.
   Dieu de puissance !
Je ne suis qu'un pécheur :
   Votre présence
Me remplit de frayeur ;
Mais, pour voir effacés
Tous mes péchés passés,
Un seul trait de clémence,
Un mot seul est assez,
   Dieu de puissance !

   Acte de Contrition.
   Mon tendre Père,
Acceptez les regrets
   D'un cœur sincère,
Honteux de ses excès :
Vous m'en verrez gémir
Jusqu'au dernier soupir ;
Avant de vous déplaire,
Puissé-je ici mourir :
   Mon tendre Père !

   Acte d'Amour.
   Plus je vous aime,
Plus je veux vous aimer,

G

O bien suprême,
Qui seul peut me charmer ;
Mais, ô Dieu plein d'attraits !
Quand avec vos bienfaits
Vous vous donnez vous-même,
Plus en vous je me plais,
Plus je vous aime.

Acte de Désir.

Que je désire
De ne m'unir qu'à vous !
Que je soupire
Après un bien si doux !
Oh ! quand pourra mon cœur
Goûter tout le bonheur
D'être sous votre empire ?
Hâtez-moi la faveur
Que je désire.

XLVII. bis. Les Actes qu'il faut faire avant la Communion.

Sur l'air : *Petits Oiseaux rassurez-vous.*

1. D<small>IVIN</small> Agneau, qui sur l'Autel
Vous immolez pour un coupable,
Et qui daignez à votre table
Appeler un ingrat mortel,
Ah ! quel amour ! qu'il est extrême !
Je n'en saurais exprimer la grandeur,
Vous allez m'élever au comble du bonheur :
Hélas! dans ce festin vous vous donnez vous-même.

Acte de Foi.

2. C'est à la Foi que j'ai recours
Pour me soumettre à ce mystère ;
C'est elle seule qui m'éclaire,
Je ne vois que par son secours,
La seule foi me fait entendre,
Que, sous ce pain à mes yeux présenté,

Vous cachez votre corps, votre Divinité;
Hélas! que de trésors sur moi vont se répandre!

Acte de Charité.

3. Tout parle ici de votre amour,
Brillant Auteur de la nature,
Pour une indigne créature
Vous quittez l'immortel séjour;
Ce même amour vous sacrifie,
Il me fait voir comme il faut vous aimer:
De vos saintes ardeurs c'est peu de m'enflammer,
Hélas! je dois pour vous cent fois donner ma vie.

Acte d'Humilité.

4. Je suis saisi d'un saint effroi,
Le Roi du Ciel et de la terre,
Le Dieu qui lance le Tonnerre,
Aujourd'hui daigne entrer chez moi!
Comblé des biens que vous me faites,
Je reconnais mon néant à vos yeux,
Et bien loin d'être fier d'un sort si glorieux,
Je vois ce que je suis, je vois ce que vous êtes.

Acte de Remercîment.

5. Par quel honneur, par quel encens
A tant de biens faut-il répondre?
Tout ne sert qu'à me confondre.
Mes respects sont trop impuissans:
Eternisez dans ma mémoire
Le sort heureux que m'a fait votre amour;
Achevez mon bonheur, et m'accordez un jour,
Hélas! de vous bénir au comble de la gloire.

XLVIII. *Tendres sentimens d'un chrétien de recevoir le Sacrement de l'Eucharistie.*

Sur l'air: *Je ne veux de Tircis, etc.*

1. Que de biens à la fois m'accorde mon Sauveur!

Ces lieux sont pleins de sa présence,
Cet Autel n'attend que mon cœur,
Mon bonheur éternel commence.

2. Dieu s'immole pour moi par un excès d'amour,
Il faut que pour lui je m'immole ;
Je lui dois ce tendre retour,
A l'Autel il faut que je vole.

3. Son sang coule pour moi, ce sang si précieux,
Par qui j'ai vu laver mon crime ;
Je reçois la manne des cieux,
L'Agneau saint devient ma victime.

4. L'Eternel dans mon sein répand tous les
    trésors :
Par ses trésors mon ame est pure ;
Il me donne son propre corps ;
Pour mon cœur quelle nourriture !

5. Du bonheur que je sens, les Anges sont jaloux,
Entr'eux et moi Dieu se partage ;
Le banquet commun entre nous,
Dans ces lieux me rend leur image.

6. Anges saints, purs Esprits, ce jour nous
    rend égaux,
Ne croyez pas que je vous cède ;
En grandeur nous sommes rivaux :
Qu'avez-vous que je ne possède ?

7. Mon bonheur est si grand qu'il me fait oublier
Et ma naissance et ma bassesse ;
Tout conspire à m'humilier,
Mais un Dieu soutient ma faiblesse.

8. Quand son corps me nourrit, je ne suis plus
    mortel,
Tu disparais, faiblesse humaine ;
Quand je suis au pied de l'autel,
Vers le ciel mon amour m'entraîne.

9. Que l'amour est puissant ! dans cet auguste
    lieu,
Je crois toucher au bien suprême :
Je me sens transformer en Dieu,
Et mon Dieu se change en moi-même.

10. O miracle d'amour! ô comble du bonheur!
Quel sort au mien est comparable !
Je reçois en moi mon Sauveur;
Hé ! quel bien est plus désirable !

11. Loin de moi, vains trésors, richesses d'ici-
     bas,
Ne croyez pas que je vous aime ;
Vous n'avez plus pour moi d'appas,
Je possède un bien plus suprême.

12. Je ne veux plus aimer que le suprême bien,
Mon cœur renonce à tout le reste :
C'est le sort d'un parfait chrétien,
De n'aimer rien que de céleste.

XLIX. *Renouvellement des vœux du Baptême, pour le jour de la première communion.*

Air connu.

1. J'ENGAGEAI ma promesse au Baptême ;
Mais pour moi d'autres firent serment :
Dans ce jour je vais parler moi-même,
Je m'engage aujourd'hui librement.
     Je m'engage, etc.

2. Je crois donc en un Dieu trois Personnes,
De mon sang je signerai ma foi :
Faible esprit, vainement tu raisonnes ;
Je m'engage à le croire, et je croi.
     Je m'engage, etc.

3. A la foi de ce premier mystère
Je joindrai la foi d'un Dieu Sauveur ;
Sous les lois de l'Eglise, ma Mère,
Je m'engage et d'esprit et de cœur.
     Je m'engage, etc.

4. Sur les fonts, dans cette eau salutaire,
Pour enfant Dieu daigna m'adopter ;
Si j'en ai souillé le caractère,
Je m'engage à le mieux respecter.
     Je m'engage, etc.

G 3

5. Je renonce aux pompes de ce monde,
A la chair, à tous ses vains attraits :
Loin de moi, Satan, esprit immonde!
Je m'engage à te fuir pour jamais.
     Je m'engage, etc.

6. Faux plaisirs, source infâme de vices,
Trop long-tems vous fûtes mon amour;
Je renonce à vos fausses délices;
Je m'engage à Dieu seul sans retour.
     Je m'engage, etc.

7. Oui, mon Dieu, votre seul Evangile
Réglera mon esprit et mes mœurs :
Dussiez-vous en frémir, chair fragile,
Je m'engage à toutes ses rigueurs.
     Je m'engage, etc.

8. Ah! Seigneur, qui sait bien vous connaître
Sent bientôt que votre joug est doux :
C'en est fait, je n'ai point d'autre maître;
Je m'engage à ne servir que vous.
     Je m'engage, etc.

9. Sur vos pas, ô mon divin modèle!
Plus heureux qu'à la suite des Rois,
Plein d'horreur pour ce monde infidèle,
Je m'engage à porter votre croix.
     Je m'engage, etc.

10. Si le ciel, d'un moment de souffrance,
Doit, Seigneur, être le prix un jour,
Animé par cette récompense,
Je m'engage à tout pour votre amour.
     Je m'engage, etc.

11. C'est, mon Dieu, dans vous seul que j'aspire
A fixer mes plaisirs et mes goûts.
Pour le ciel c'est peu que je soupire;
Je m'engage à soupirer pour vous.
     Je m'engage, etc.

12. Puisqu'enfin dans le ciel, ma patrie,
De mes biens vous serez le plus doux,
Dès ce jour, et pour toute ma vie,
Je m'engage et suis tout à vous. Je m'engage, etc.

L. *Avant les Vêpres.*

1. CHANTONS en ce jour,
Jesus et sa tendresse extrême ;
Chantons en ce jour,
Et ses bienfaits et son amour.
Il a daigné lui-même
Descendre dans nos cœurs ;
De ce bonheur suprême,
Célébrons les douceurs.
Chantons, etc.

2. O Dieu de grandeur !
Plein de respect, je vous révère,
O Dieu de grandeur !
J'adore dans vous mon Seigneur
Si ce profond mystère
Vient éprouver ma foi,
C'est l'amour qui m'éclaire,
Et vous découvre en moi.
O Dieu, etc.

3. Mon divin époux,
Mon ame à vous seuls s'abandonne ;
Mon divin époux,
Mon ame n'a d'espoir qu'en vous.
Que l'enfer gronde et tonne,
Qu'il s'arme de fureur ;
Il n'a rien qui m'étonne ;
Jesus est dans mon cœur.
Mon divin, etc.

4. Aimons le Seigneur,
Ne cherchons jamais qu'à lui plaire ;
Aimons le Seigneur,
Il fera seul notre bonheur.
Ami le plus sincère,
Généreux bienfaiteur,
Il est plus, il est père :
Donnons-lui notre cœur.
Aimons, etc.

G 4

5. Pour tous vos bienfaits,
Que vous offrir? ô divin Maître !
Pour tous vos bienfaits,
Je me donne à vous pour jamais.
En moi je sentis naître
Les transports les plus doux,
Quand je pus vous connaître
Et m'attacher à vous.
Pour tous, etc.

6. O Dieu tout-puissant !
Par ta divine providence,
O Dieu tout-puissant !
Conserve mon cœur innocent.
Dès la plus tendre enfance
Tu guidas tous mes pas ;
Soutiens mon innocence,
Couronne mes combats.
O Dieu, etc.

LI. *Sur le Très-Saint Sacrement de l'Autel.*

Sur l'air : *O Dieu ! que vous êtes aimable.*

1. O TERRE ! ô cieux ! quelle merveille,
Quel prodige étonnant !
Par une bonté sans pareille,
Le Fils du Tout-Puissant
Sur nos Autels descend,
Que peut-il de plus grand ?

2. Ah ! que votre amour est extrême,
Mon divin Rédempteur !
Vous changez le pain en vous-même,
Quel bien, quelle faveur !
Changez aussi mon cœur,
Soyez-en le vainqueur.

3. O Manne ! qui donnez la vie
Dans la nouvelle Loi :
Céleste Agneau, divine Hostie,

Venez, venez en moi;
Affermissez ma foi,
Mon Sauveur et mon Roi.

4. Amant de votre créature,
Divin et chaste Epoux,
Vous devenez sa nourriture,
Et par un nœud si doux,
Vous unissant à nous,
Vous nous changez en vous.

5. Que j'ai de graces à vous rendre,
Mon adorable Roi !
Epris de l'amour le plus tendre,
Vous vous donnez à moi;
Quel retour je vous dois !
Tout m'en fait une loi.

6. Je ne suis que cendre et poussière:
Vous êtes Tout-Puissant,
Mon ame devrait être fière,
Sur elle un Dieu descend:
Ah ! mon cœur en ressent
L'amour le plus pressant.

7. Seigneur, il faut que je vous aime
Autant qu'on peut aimer ;
N'êtes-vous pas le bien suprême ?
Puis-je assez m'enflammer ?
Quel feu doit s'allumer
Pour qui sait tout charmer !

8. Autel où mon ame s'exprime,
Témoin de mon serment,
Accepte mon cœur pour victime :
Je l'offre à mon amant.
Hélas ! qu'il est charmant !
Qu'il aime tendrement !

LII. *Sur la confiance en Notre-Seigneur J. C.*

Sur l'air : *L'amant frivole et volage.*

1. JESUS seul est mon vrai Père,

Jésus seul est mon amour,
C'est lui seul en qui j'espère
Faire en Paradis la cour :
Jésus seul m'est désirable,
Jésus seul fait mon plaisir ;
Car Jésus seul est capable
De contenter mon désir.

2. Jésus seul est ma richesse,
Jésus seul est mon époux,
Jésus seul est ma liesse,
Jésus seul est à mon goût :
Jésus seul est ma défense,
Jésus seul est mon pouvoir,
Jésus seul est ma science,
Jésus seul est mon vouloir.

3. Jésus seul est ma lumière,
Jésus seul est mon appui,
Jésus seul est ma barrière
Contre tous mes ennemis :
Jésus est toute ma force,
Jésus seul est mon soutien ;
En vain sans lui je m'efforce,
Sans Jésus je ne puis rien.

4. Dans tout le tems de ma vie,
Jésus, soyez donc en moi ;
Puisque mon unique envie
Est que vous soyez mon Roi :
Gouvernez si bien mon ame,
Que jamais l'iniquité
Ne puisse la rendre infâme
Devant votre Majesté.

5. Jésus, soyez dans ma bouche ;
Jésus, soyez dans mes yeux ;
Soyez dans ce que je touche,
Et dans tout ce que je veux :
Soyez seul dans ma mémoire,
Dans mon esprit, dans mon cœur ;
Soyez à jamais ma gloire
Et mon souverain bonheur.

LIII. *Sur le Pater.* Sur l'air : *Dieu de bonté.*

1. Pète Eternel, qu'on vous loue en tous lieux,
Etablissez dans nos cœurs votre empire,
Soyez en terre obéi comme aux cieux,
Nourrissez-nous, vous par qui tout respire.

2. Pardonnez-nous, comme nous pardonnons,
Préservez-nous du démon qui nous tente,
Délivrez-nous du mal que nous craignons,
Et que l'effet réponde à notre attente.

Sur la Salutation Angélique.

3. Je vous salue, ô Mère de mon Dieu !
Vierge bénie entre toutes les femmes,
Que béni soit en tout tems, en tout lieu,
Votre saint Fils, le Sauveur de nos ames.

4. Protégez-nous parmi tous nos malheurs,
Mère du Verbe, ô divine Marie !
Dès maintenant priez pour les pécheurs ;
Mais plus encore à la fin de leur vie.

Sur Saint Joseph.

5. Heureux Joseph, dont l'emploi glorieux
Fut de servir à Jesus-Christ de Père ;
Très-chaste époux de la Reine des cieux,
Priez pour nous et le Fils et la Mère.

Sur l'Ange Gardien.

6. Ange de Dieu, qui voyez mes besoins,
Qui, jour et nuit veillez pour me conduire,
Assistez-moi de vos fidèles soins,
Daignez toujours me régir et m'instruire.

LIV. *Retour d'une ame à Dieu.*

Sur l'air : *Suivons l'amour, ou sur les folies d'Espagne.*

1. Etre éternel, beauté toujours nouvelle,

Que j'ai long-tems vécu sans vous aimer !
Mais en ce jour cessant d'être rebelle,
De votre amour je me laisse enflammer.

2. Vous le voulez, ô Majesté suprême !
Que tout se rende à vos divins appas :
Oui, je le veux, et je le dis de même ;
Eh ! pourquoi donc ne vous aimé-je pas !

3. Cœur insensible, à qui prétends-tu plaire ?
Serait-ce au monde, à ce monde inconstant ?
C'est ton Dieu seul qui peut te satisfaire :
Aime-le donc et tu vivras content.

4. Dès ce moment c'en est fait, je commence :
Ah ! j'en conviens, c'est bien tard commencer ;
Mais que le ciel fixe mon inconstance,
Et je promets de ne jamais cesser.

5. Aimable joug que la grace m'impose,
Tu mets enfin le comble à tous mes vœux :
Venez, Seigneur, vous m'êtes toute chose ;
Votre amour seul, et je suis trop heureux.

_____

LV. *Sur les Sacremens de l'Eglise.*

Sur l'air : *Père Eternel.*

Le Baptême.

1. Nous naissons tous d'un noir crime tachés ;
Mais le Baptême en un instant l'efface :
Il rompt nos fers, et lavant nos péchés,
Nous rend enfans du Seigneur par la grace.

La Confirmation.

2. Ce sacrement nous dispose au combat,
Nous fait prévoir des démons la surprise ;
D'un faible enfant il fait un saint soldat,
Et l'encourage à défendre l'Eglise.

La Pénitence.

3. Quand un pécheur, sincèrement touché,
Au tribunal vient pleurer sa malice ;

Dès ce moment absous de son péché,
Il ne craint point un éternel supplice.

L'Eucharistie.

4. Un Dieu Sauveur, pour nourrir les mortels,
Fait de sa chair le sacré pain de vie ;
En s'immolant pour nous sur les Autels,
Il est ensemble et le Prêtre et l'Hostie.

L'Extrême-Onction.

5. Tous les démons font mille et mille efforts
Pour ralentir des mourans le courage ;
Mais l'onction que reçoivent nos corps,
Fait triompher notre esprit de leur rage.

L'Ordre,

6. L'Ordre sacré rend les hommes des Dieux :
Tout Prêtre est saint, sa puissance est suprême ;
Il a les clefs des enfers et des cieux,
Et tient de Dieu le pouvoir sur Dieu même.

Le Mariage.

7. Dieu, pour avoir de vrais adorateurs,
Unit le Verbe à la nature humaine :
Au mariage il joint aussi des cœurs
Pour augmenter son céleste domaine.

LVI. *Pour l'Annonciation de la Très-Sainte Vierge.*

Sur un air nouveau.

1. Un Ange ayant dit à Marie,
Qu'elle concevrait Jesus-Christ,
Et que ce divin fruit de vie
Serait l'œuvre du Saint-Esprit ;
Elle ravie,
Alla chez sa cousine, et dit :
Magnificat anima mea Dominum.
Et exultavit spiritus meus.

2. Quand je contemple ce mystère,
Et mon ineffable bonheur,
Que je devienne la Mère
De mon Souverain Rédempteur,
        Sans aucun Père,
Je sens absorber tout mon cœur.
In Deo salutari meo,
Quia respexit humilitatem ancillæ suæ.
3. Je me suis toujours conservée
Dans ma profonde humilité ;
C'est pourquoi je suis élevée
A cette haute dignité,
        Si révérée,
Sans pourtant l'avoir mérité ;
Ecce enim ex hoc beatam me dicent omnes
*   generationes.*
Quia fecit mihi magna qui potens est.
4. Dieu, qui peut tout, pouvait-il faire
A mon égard rien de plus grand ?
Tout ensemble être Vierge et Mère
De mon Dieu qui s'est fait enfant !
        Profond mystère,
Dont je bénis le Tout-Puissant ;
Et sanctum nomen ejus.
Et misericordia ejus à progenie in progenies.
5. Dieu voyant l'extrême misère
Où l'homme ingrat s'était réduit,
En fut touché comme un bon père
L'est d'un enfant qu'il a produit :
        Peut-il plus faire
Que de donner son propre Fils ?
Timentibus eum.
Fecit potentiam in brachio suo.
6. S'il aime tant ceux qui le craignent,
Qu'il n'en perd pas le souvenir,
Les pécheurs aussi le contraignent
D'armer son bras pour les punir :
        Si les bons règnent
Et s'il sait les humbles chérir,

Dispersit superbos mente cordis sui.

D eposuit potentes de sede.

7. Nous voyons les anges rebelles
Ressentir l'effet de sa main,
Pour n'avoir pas été fidèles
Aux ordres de leur Souverain :
    O infidèles !
Il dompte votre cœur hautain.

Et exaltavit humiles.

Esurientes implevit bonis.

8. Nous étions tous dans l'indigence,
Au lieu que tous ces purs Esprits
Pouvaient jouir de l'abondance
De tous les biens du Paradis ;
    Mais sa clémence
Nous enrichit de leurs débris.

Et divites dimisit inanes.

Suscepit Israel puerum suum.

9. Recevons ce fruit salutaire :
Après avoir long-tems gémi.
Sous le poids de notre misère,
Toujours battus de l'ennemi :
    La paix entière
Est ce qu'il apporte avec lui.

Recordatus misericordiæ suæ

Sicut locutus est ad patres nostros.

10. C'est pour accomplir les promesses
Qu'il fit un jour à nos parens,
De venir bannir leurs tristesses,
Et les faire participans
    De ses richesses ;
Et qu'il ferait grace en tout tems.

Abraham et semini ejus in secula.

Gloria Patri et Filio.

11. Ne perdons jamais la mémoire
De tant d'inombrables faveurs.
Et si nous avons la victoire
Sur les ennemis de nos cœurs,
    Rendons-en gloire

Au Père, au Fils, même honneurs,
 Et Spiritui Sancto.
  Sicut erat in principio et nunc et semper.
 12. Ce Dieu n'a point commencé d'être,
Et son règne a toujours été ;
Si dans le tems il veut paraître,
C'est son ineffable bonté
   Qui l'a fait naître,
Quoique Dieu dans l'éternité.
Et in secula seculorum. Amen.

LVII. *Dans lequel Jesus-Christ instruit une*
 ame de ses principaux devoirs.

Sur l'air : *Que fais-tu, Bergère ?*

L'Ame.

1. Sauveur débonnaire,
Mon aimable Epoux,
Qu'est-ce qu'il faut faire
Pour n'aimer que vous ?
Ma plus grande envie * C'est de vous aimer,
Et passer ma vie * Sans vous offenser.

Jesus.

2. Si ton cœur désire * De m'aimer sans fin,
Je vais t'en prescrire * Le plus court chemin ;
Tâche donc d'apprendre * Ce que chaque jour
Tu pourrais me rendre * Pour marque d'amour.
3. Dès que tu t'éveilles * Donne-moi ton cœur,
Prête-moi l'oreille, * Chasse ta langueur,
Joins à l'Eau bénite * Un Signe de croix,
Et puis ne médite * Que mes saintes lois.
4. Si tu veux me plaire, * Sers avec ferveur
Ma très-digne Mère,
L'aimant de bon cœur ;
Qui lui rend hommage * Ne craint point la mort,
Et malgré l'orage, * Il arrive au port.

5. Si

5. Si rien ne te presse, * Vas t'unir à moi
En la Sainte Messe, * Par la vive foi ;
Vaque à ton ouvrage * Après l'Oraison,
Et si l'on t'outrage, * Tais-toi par raison.

6. Fais qu'en toutes choses, * Au fond de ton cœur
Tu ne t'y proposes * Que mon seul honneur ;
L'intention pure, * En chaque action,
Accroît d'heure en heure * La perfection.

7. Si tu vas à table, * Bénis le repas,
Pour m'être agréable * Et suivre mes pas ;
Au sortir de table * Rends grace à jamais
A ton Père aimable * De tous ses bienfaits.

8. Souffre sans te plaindre * Le froid et le chaud.
Il faut te contraindre * Pour plaire au Très Haut ;
Si ta main glacée * Cherche à se chauffer,
Porte ta pensée * Vers le feu d'enfer.

9. Fais un saint usage * De toutes tes croix.
Ne perds point courage, * J'en soutiens le poids :
Toute la science * Pour la sainteté
C'est la patience * Dans l'adversité.

10. Fais quelque lecture * Dans un bon auteur,
Qui grave à toute heure * Ma loi dans ton cœur ;
Si tu ne sais lire, * Pense à mes travaux :
Gémis et soupire * Pour tous tes défauts.

11. L'heure étant venue * D'aller au repos,
Recherche à ma vue * Quels sont tes défauts :
Gémis et propose * Ton amendement,
Et puis te repose * En moi doucement.

L'Ame.

12. Relevez de grace * Mon abattement,
Afin que j'embrasse * Ce saint réglement :
Sans votre assistance * Je ne pourrais rien,
Par mon impuissance * A faire le bien.

Jesus.

13. Puisque de toi-même * Tu ne le peux point,
Ta faiblesse extrême * M'aura pour adjoint :
Sois humble et fidèle, * Si tu veux avoir
La gloire éternelle, * Où je me fais voir.

H

LVIII. *Sur le bonheur qu'il y a de se donner à Dieu dès sa tendre jeunesse.*

Sur l'air : *Le Seigneur.*

1. LE tems de la jeunesse *Passe comme une fleur;
Hâtez-vous, le tems presse,
Donnez-vous au Seigneur :
Tout se change en délices *Quand on veut le servir,
Le plus grand sacrifice * Devient un doux plaisir.

2. N'attendez pas cet âge
Où les hommes n'ont plus
Ni force ni courage * Pour les grandes vertus :
C'est faire un sacrifice * Qui nous a peu coûté,
Que de quitter le vice * Lorsqu'il est peu goûté.

3. Prévenez la vieillesse, * Cette triste saison,
Le tems de la jeunesse * Est un tems de moisson;
Le Sauveur nous menace * D'une fatale nuit,
Où, quoique l'homme fasse, *Il travaille sans fruit.

4. Que de pleurs et de larmes
Doit coûter au trépas
Ce monde dont les charmes *Nous trompent ici-bas!
D'agréables promesses * Il nous flatte d'abord,
Par ses fausses richesses * Il nous donne la mort.

5. Eussiez-vous en partage *Les trésors de Crésus,
Serait-ce un avantage * Sans l'amour de Jésus?
Quelle folie extrême * De gagner l'Univers,
Et s'engager soi-même * Aux tourmens des enfers!

6. Si le monde t'offense, * Méprise son courroux;
Dieu veut la préférence, * Il s'en montre jaloux.
Si sa bonté suprême * A pour nous tant d'ardeur,
Il faut l'aimer de même, * Sans partager son cœur.

7. Pourquoi tant vous promettre
De vivre longuement?
Chaque moment peut être *Votre dernier moment;
Craignons que de la grace *Dieu n'arrête le cours,
Qu'un autre à notre place *Ne soit mis pour toujours.

8. Quand plusieurs fois au crime
L'on ose consentir ;
Hélas c'est un abîme * Dont on ne peut sortir ;
Il n'est rien de plus rude * Que de se détacher
D'une longue habitude*Qu'on s'est fait de pécher.

9. Présentons nos services
Au Seigneur tout-puissant ;
Offrons-lui les prémices * De l'âge florissant :
Cet adorable Maître * Ne nous donne le jour,
Qu'afin de le connaître * Et vivre en son amour.

LIX. *Sur l'Assomption de la Très-Sain.e Vierge.*

Sur un air de Trompette.

1. CHANTONS la Reine des cieux,
Que l'excès de l'amour
Fait triompher en ce jour ;
Chantons la Reine des cieux,
Qu'on l'honore et qu'on l'aime en tous lieux.
De nos chants divers * Remplissons les airs :
Que tout l'Univers
Réponde à nos doux concerts.
De nos chants divers * Remplissons les airs,
Inventons même de nouveaux airs.

2. Enfin l'hiver est passé,
Les glaçons sont fondus,
Et les vents ne soufflent plus ;
Enfin l'hiver est passé,
La tempête et l'orage ont cessé :
Vierge de douleurs * Les cris et les pleurs
Font place aux douceurs
Dont vous comble le Seigneur ;
Vierge de douleurs, * Les cris et les pleurs
Ne sauraient plus troubler votre cœur.

3. Voyez, filles de Sion,
Sur un char enflammé,
La Mère du Bien-Aimé,
Voyez, filles de Sion,

Et chantez en cette occasion :
Quel astre vivant, * Si beau, si brillant,
Sort du monument,
Et s'élève au firmament!
Quel astre vivant, * Si beau, si brillant,
Nous éclaire en cet heureux moment!

4. Venez, ma mère et ma sœur,
Ma colombe, venez,
Mes biens vous sont destinés!
Venez, ma mère et ma sœur,
Hâtez-vous, lui dit son doux Sauveur :
Entrez dans ma paix, * Régnez à jamais ;
Que tous vos souhaits
Soient accomplis désormais :
Entrez dans ma paix, * Régnez à jamais,
Possédez ma grace et mes bienfaits.

5. Daignez, Marie, en ce jour,
Ecouter nos soupirs
Et seconder nos désirs ;
Daignez, Marie, en ce jour,
Agréer nos vœux et notre amour :
Devant le Dieu fort, * Plaignez notre sort,
Dans un saint transport,
Accourez à notre mort ;
Devant le Dieu fort, * Plaignez notre sort,
Conduisez-nous tous à l'heureux port.

LX. *Autre sur le même sujet.*

Triomphons, notre Mère est au sein de la gloire,
Jusques aux cieux où son trône est porté.
Le seul espoir dont son cœur est flatté,
Est de voir ses enfans partager sa victoire. *bis.*
Reine des cieux, de vos enfans
Reconnaissez, écoutez le langage ;
Ils osent de leur cœur vous présenter l'hommage,
Vous exprimer leurs sentimens :
Guidés par la reconnaissance,

Ils vous consacrent leur enfance.
Toujours vous plaire est leur désir, }bis.
Vous aimer (*bis*) fait leur seul plaisir.
  Triomphons , etc.
  C'est dans son cœur que désormais,
Pour être heureux , j'ai fait choix d'un asile ;
Mes jours sont plus sereins , mon ame est plus
   tranquille,
Et mon esprit goûte la paix.
Dans cette aimable solitude,
L'aimer est mon unique étude ;
Son tendre cœur fut mon berceau, }bis.
Dans son cœur (*bis*) sera mon tombeau.
  Triomphons , etc.
  Quand verrons-nous cet heureux jour
Où la vertu recevra sa couronne ?
Sa main nous la présente , et son cœur nous la
   donne ;
C'est le triomphe de l'amour.
Dans cette attente je désire ,
Voudrais être heureux , et soupire :
Désir , hélas ! cher à mon cœur, }bis.
Doux espoir (*bis*), soutiens mon ardeur.
  Triomphons , etc.

LXI. *Cantique en l'honneur de la sainte Vierge.*

  Sur l'air : *Que ne suis-je la fougère ?*

1. Sion de ta mélodie,
Cesse les divins accords ;
Laisse-nous près de Marie
Faire éclater nos transports.
La Reine que tu révère,
Le digne objet de tes chants,
Apprends qu'elle est notre Mère,
Et fais place à ses enfans.
2. Ma s comment de cette enceinte
Percer les voûtes des cieux ?

Descends plutôt, Vierge sainte,
Et viens régner dans ces lieux.
Viens d'un exil trop sévère
Adoucir les longs tourmens ;
Ta présence, auguste Mère,
Sera chère à tes enfans.

3. Pour toi nous sentons nos ames
Brûler en ce divin-jour
Des plus innocentes flammes,
Du plus généreux amour.
Ah ! puissions-nous à te plaire
Consacrer tous nos instans,
Et prouver à notre Mère
Que nous sommes ses enfans.

4. Sur tes autels, ô Marie !
Tous, d'une commune voix,
Nous jurons toute la vie
D'être soumis à tes lois.
De notre hommage sincère
Puissent ces faibles garans
Flatter notre tendre Mère !
C'est le vœu de ses enfans.

LXII. *Sur les Litanies de la très-Sainte Vierge.*

Sur l'air : *On n'aime point dans nos forêts.*

1. DIEU Tout-Puissant, Dieu de bonté,
Qui connaissez notre misère,
Touché de notre infirmité,
Mettez fin à votre colère ;
Nous mettons notre espoir en vous ;
Seigneur, ayez pitié de nous.

2. Jesus, qui régnez dans les cieux,
Faites-nous part de vos délices,
Accordez ce fruit précieux
Plutôt à vous qu'à nos services ;

Jesus, entendez nos soupirs,
Jesus, exaucez nos désirs.

3. Marie, ô miroir de pudeur,
Et des Vierges la protectrice !
Comme nous avons le bonheur
D'être admis à votre service,
Nous avons tous recours à vous,
Sainte Vierge, priez pour nous.

4. Merveille de fidélité,
parfait miracle de prudence,
Vous avez toute autorité,
Vous n'avez pas moins de clémence. Nous, etc.

5. Cause aimable de nos plaisirs,
Rare modèle de justice,
Avocate de nos désirs,
Faites que Dieu nous soit propice. Nous, etc.

6. Vaisseau rempli de sainteté,
Vase de prix inestimable,
Vaisseau que la Divinité
Nous rend à jamais honorable. Nous, etc.

7. Rose mystique, Palais d'or,
Tour de David inébranlable,
Tour d'ivoire, riche trésor,
En qui tout est incomparable. Nous, etc.

8. Arche d'alliance et d'amour,
Astre du matin, claire étoile,
Porte de cet heureux séjour
Où Dieu se découvre sans voile, Nous, etc.

9. Source ineffable de tous biens,
Puissant refuge des coupables,
Secours assurés des chrétiens,
Soulagement des misérables, Nous, etc.

10. Reine de la terre et des cieux,
Des Patriarches et des Prophètes,
De tant d'Apôtres glorieux,
De tant de courageux Athlètes, Nous, etc.

11. Reine, à qui tous les Confesseurs
Doivent l'honneur de leur victoire ;

Reine, à qui tous les chastes cœurs,
Et tous les Saints doivent leur gloire, Nous, etc.

12. Agneau de Dieu, dont la bonté
Vous a fait charger de nos crimes,
Pour calmer un Père irrité,
Nous n'avons point d'autre victime;
Nous mettons notre espoir en vous;
Oh ! Jesus-Christ, pardonnez-nous.

LXIII. *Sur les principales vérités de la Foi.*

Sur l'air : On n'aime point dans nos forêts.

1. Nous sommes faits pour servir Dieu,
Pour l'aimer et pour le connaître;
Nous devons toujours, en tout lieu,
Vivre pour cet unique Maître,
Qui n'a fait la terre et les cieux,
Que pour nous rendre bienheureux.

2. Qui sert Dieu, mérite qu'un jour
Dieu même soit sa récompense;
Mais on ne sert point sans amour,
On n'aime point sans connaissance;
Il faut donc que l'homme, en tout lieu,
Connaisse, aime et serve son Dieu.

3. L'inconcevable Trinité
Est un Dieu seul en trois Personnes.
Egales en autorité,
Egalement sages et bonnes,
Toutes trois n'ont qu'un seul pouvoir,
Qu'une sagesse et qu'un vouloir.

4. Le Père est Dieu, le Fils aussi,
Le Saint-Esprit est Dieu de même,
L'Eglise nous l'enseigne ainsi;
Dire autrement c'est un blasphême,
Puisque la sainte Trinité
A la même divinité.

5. Le Fils s'est fait homme pour nous,

Dans

Dans le sein d'une Vierge femme ;
Lorsque pour le salut de tous,
Il y prit un corps et une ame,
Commençant d'être homme en ce lieu,
Sans pourtant cesser d'être Dieu.

6. Celui dont la puissante main
Pourvoit à toute créature,
Jusqu'à trente ans gagne son pain ;
Et le Maître de la Nature,
S'assujettit, pendant ce tems,
Aux volontés de ses parens.

7. Sur le soir de son dernier jour,
Voulant retourner à son Père,
Il laisse, par excès d'amour,
Son corps voilé sous un mystère,
Et presque dans le même tems
Etablit les sept Sacremens.

8. Jesus est pris et garotté,
Tous ses Apôtres l'abandonnent ;
Il est moqué, battu, fouetté,
Les Juifs d'épine le couronnent :
En Croix, pour comble de douleurs,
Il expire entre deux voleurs.

9. Il sort de son côté percé,
Sang et eau en grande abondance ;
Dans un tombeau son corps placé,
Y demeure dans le silence,
Pendant que son ame aux enfers
Descend pour en briser les fers.

10. A peine le troisième jour
Venait éclairer la nature,
Que la mort vaincue à son tour,
Et sans faire aucune ouverture,
Jesus animé de nouveau,
Sortit immortel du tombeau.

11. Ce fut le quarantième jour,
Qu'ayant consommé son ouvrage
Au milieu de sa sainte cour
Il s'éleva sur un nuage,

D'où il viendra, avec ce corps,
Juger les vivans et les morts.

12. Celui qui des péchés mortels
N'aura point fait de pénitence,
Souffrira des maux éternels ;
Et le juste, pour récompense,
Après un combat glorieux,
Régnera toujours dans les cieux.

LXIV. *En l'honneur des Anges Gardiens.*

Sur l'air : *Le Printems vient de naître.*

1. AH ! que le ciel nous aime !
Que notre sort est doux !
Contre l'enfer jaloux,
Il nous défend lui-même.
Ah ! que le ciel nous aime !
Que notre sort est doux !

2. Ah ! que peut entreprendre
Tout l'infernal séjour,
Quand la céleste cour
S'arme pour nous défendre ? Ah ! que, etc.

3. Un Ange tutélaire
S'attache à tous nos pas,
Il ne nous quitte pas
Dans ce lieu de misère. Un Ange, etc.

4. Il veille sur notre ame,
Elle ne peut tomber ;
Il sait la dérober ;
A l'éternelle flamme. Il veille, etc.

5. La nuit la plus profonde
Fuit devant ce flambeau,
C'est un soleil nouveau
Qui brille sur le monde. La nuit, etc.

6. Du plus affreux orage
On ne craint point l'effort ;
Ah ! pour trouver le port
On échappe au naufrage, Du plus, etc.

7. D'un Dieu tout adorable
Méritons les bienfaits,
A nos plus doux souhaits
Il sera favorable. D'un Dieu , etc.

8. Ne suivons pas le crime ,
Il est trop dangereux :
Que pour nous rendre heureux ,
La vertu nous anime ! Ne suivons, etc.

9. Remportons la victoire
Que Dieu promet à tous :
Les Anges avec nous
Annonceront sa gloire. Remportons, etc.

10. Que l'Univers l'implore ,
Qu'il chante son amour ,
Que chacun à son tour
Jusqu'au tombeau l'adore. Que l'Univers , etc.

LXV. *Cantique* sur l'air : *De la muse de Cal.*

DIEU m'a fait
Pour l'autre vie,
Que j'envie
Ce rare bienfait !
Sur la terre
Que puis-je aimer ?
Loin d'un père
Qui doit me charmer ;
Dans les larmes,
Les alarmes,
Sous les armes,
Peut-on se trouver
Bien satisfait ?
Dieu me presse ,
Je vous laisse,
C'en est fait.

2. O Seigneur !
Dieu de mon ame,
Que ta flamme

Consume mon cœur ;
De pied ferme
J'attends la mort,
C'est le terme
D'un malheureux sort
Fonds ma glace,
Que ta grace,
Un jour fasse
Que j'arrive au port,
Céleste amour,
Je respire
Quand j'admire
Ton séjour.

3. Je languis
Dans cette terre
Etrangère :
J'y sens mille ennuis,
Quel supplice !
Vois mon péril,
Dieu propice,
Finis mon exil.
O mon père !
Considère
Ma misère ;
Viens rompre le fil
De mes travaux.
Que j'expire,
Je désire
Le repos.

4. Trop long-tems
Ici je traîne
Dans la peine
Des jours languissans ;
Cité Sainte,
Séjour heureux,
Où sans feinte
Dieu se montre aux yeux ;
Je soupire,
Je désire

Cet empire
Que le Roi des cieux
Prépare aux siens.
Qu'on me dise :
Ton Dieu brise
Tes liens.

LXVI. *En l'honneur de S. Cassien, Martyr.*

Sur l'air *de Joconde*, ou *Enfans, gravez.*

1. Chantons un saint qui des Tyrans
Brave la loi cruelle :
Pour les petits et pour les grands,
C'est un parfait modèle.
Dans le dessein de l'imiter,
Que chacun le contemple,
Rien ne peut mieux nous exciter
Qu'un si brillant exemple.

2. C'est Cassien que nous chantons,
Qu'en ces lieux il revive,
Que chacun prête à ses leçons
Une oreille attentive.
Répondons à ses soins pieux :
Quels fruits ils vont produire !
Chrétiens, c'est au séjour des cieux
Qu'il pretend vous conduire.

3. La foi qu'il prêche hautement,
Parmi des Idolâtres,
Ouvre à son saint empressement
Le plus beau des Théâtres.
Ennemis du Dieu des chrétiens,
Votre rage est barbare,
Vous deviendrez bientôt les siens,
Et sa mort se prépare.

4. O tourment des plus inouis !
Que son cœur en soupire !
Sous les coups de ses chers amis
Le saint martyr expire !

13

Choisis pour être ses bourreaux,
Quelle fureur extrême!
Leurs traits déchirent par lambeaux
Un père qui les aime.

5. De ses élèves si chéris
La troupe l'environne,
Il en reçoit la mort pour prix,
Ou plutôt la couronne:
Par les plus généreux désirs
Pour eux il s'intéresse ;
Et jusqu'à ses derniers soupirs
Il marque sa tendresse.

Exhortation à la Jeunesse.

6. Enfans, dont nous guidons les pas,
Troupe à vos yeux aimable,
Ne suivez point de ces ingrats
L'exemple détestable ;
Soyez pour qui vous mène au port,
Enfans d'obéissance ;
N'attirez pas un mauvais sort
Par votre résistance.

LXVII. Pour la Fête des Saints Confesseurs, Pontifes et Martyrs.

Sur l'air : *Le Printems vient de naître.*

1. Célébrons la mémoire
De nos Saints Confesseurs ;
De nos sacrés Docteurs
Eternisons la gloire :
Célébrons la mémoire
De nos saints confesseurs.

2. Mille traits de lumière
Sont répandus sur nous ;
L'enfer en est jaloux,
Quelle illustre carrière!
Mille traits de lumière, etc.

3. Le Père du mensonge
Régissait l'Univers,
Mais au fond des enfers
Il faut qu'il se replonge,
Le père du mensonge, etc.

4. Malgré son entreprise
Le mensonge s'enfuit ;
La vérité reluit
Dans le sein de l'Eglise ;
Malgré son entreprise, etc.

5. Marchez, troupe fidèle,
Combattez pour les Cieux ;
Confessez en tous lieux
Le Dieu qui vous appelle :
Marchez, troupe fidelle, etc.

6. Prêchez, rendez fertile
Le champ que vous semez,
D'un Dieu que vous aimez
Publiez l'Evangile ;
Prêchez, rendez fertile, etc.

7. Que rien ne vous étonne,
Bravez les fiers tyrans ;
Des martyrs expirans
Enviez la couronne :
Que rien ne vous étonne, etc.

8. Que chacun vous contemple
La palme dans les mains ;
Au reste des humains
Allez servir d'exemple :
Que chacun vous contemple, etc

9. L'ouvrage se consomme,
Ils sont au plus haut rang,
Ils scellent de leur sang
La foi d'un Dieu fait homme.
L'ouvrage se consomme,
Ils sont au plus haut rang.

❋

LXVIII. *En l'honneur de la Sainte Croix.*

Sur un air nouveau.

1. Accourez, ô troupe fidelle !
Sur ce bois fixez vos regards ;
De votre Roi qui vous appelle,
Reconnaissez les étendards.
Animés d'une sainte audace,
De l'enfer méprisez les coups ;
De ce signe suivez la trace
Et le ciel combattra pour vous.

2. Autrefois d'un cruel supplice
Ce bois fut l'instrument honteux,
Aujourd'hui, par plus de justice
C'est un ornement glorieux :
Il brille sur le diadème
Qui ceint le front de nos Césars ;
De sa main la victoire même
Le grave sur nos étendards.

3. Rien ne résiste à la puissance
De ce signe victorieux,
Tout doit trembler en sa présence
Et sur la terre et dans les cieux.
Les Anges, couverts de leurs ailes,
Devant la croix sont prosternés ;
De satan les enfans rebelles
A son aspect sont étonnés.

4. Au dernier jour, ce jour terrible
Où Dieu jugera les mortels,
De la croix le signe visible
Sera l'effroi des criminels :
Alors, tracés sur un nuage,
Etincelant de mille éclairs,
A lui rendre un sincère hommage
Il forcera tout l'Univers.

5. Signe d'amour et de colère
Pour le juste et pour le pécheur,

Pour l'un instrument de misère,
Pour l'autre gage de bonheur,
O Jesus, votre croix adorable,
En ce jour vengera vos droits
Et punira l'homme coupable
Du mépris de vos saintes lois.

6. Heureux qui pendant cette vie,
Saura la suivre ou la porter,
De l'enfer, malgré sa furie,
Il n'aura rien à redoûter.
Pour récompenser leur constance
Et leurs combats, et leurs exploits,
Une gloire éternelle immense,
Les accablera de son poids.

7. Le bonheur, conquérans célèbres,
Ne suit pas toujours vos drapeaux,
Trop souvent les cyprès funèbres
Sont tout le prix de vos travaux ;
Pour combattre et vaincre avec gloire,
Sans crainte des affreux hasards,
Suivons le Dieu de la victoire,
Rangeons-nous sous ses étendards.

8. Aimable croix, douce espérance,
Unique objet de mes amours,
Soyez ma force et ma défense
En l'extrémité de mes jours ;
Puisse alors ma main défaillante,
Vous marquer mes ardens désirs,
Et sur vous ma bouche mourante,
Exhaler ses derniers soupirs.'

LXIX. *Cantique Spirituel sur le bonheur de la Sainte Communion.*

Sur l'air : *Courons à l'aimable Ecole.*

1. CHANTONS tous, troupe fidelle,
Le sort du peuple chrétien ;

Son Dieu, son suprême bien,
Quitte sa gloire éternelle
Pour descendre dans son cœur :
Est-il un plus grand bonheur.

2. Il nous admet à sa table,
Sa chair nous sert d'aliment,
Du bonheur le plus charmant
Cette source intarissable
Daigne en nous se transformer ;
Pourrait-il nous mieux aimer ?

3. C'est peu de briser les chaînes
Du noir tyran de l'enfer,
De ce Rédempteur si cher
Le sang coule dans nos veines :
S'il vient se sacrifier,
C'est pour nous sanctifier.

4. Qu'on soit saint comme lui-même
Quand on vient le recevoir,
Jésus nous fait un devoir
De l'aimer comme il nous aime ;
Commençons dès aujourd'hui
A nous transformer en lui.

5. Quel bonheur digne d'envie
Nous attend dans ce festin !
Nous aurons dans notre sein
L'auteur même de la vie :
Est-il un destin plus doux ?
Nous ferons mille jaloux.

6. D'un esclavage si funeste
Les Hébreux étant sortis,
De la faim sont garantis
Par une manne céleste :
Par le plus parfait rapport,
Nous avons le même sort.

7. Par d'éternelles louanges
Célébrons un si beau jour,
Ce Dieu pour nous plein d'amour
Fait les délices des Anges ;
Ce bien qui les rend heureux,
Nous le possédons comme eux.

8. Qu'un tendre penchant nous mène
Vers ce bien tant désiré,
Tel que le cerf altéré
Soupire après la fontaine :
Ce bien qui les comprend tous,
Est le seul digne de nous.

9. Doux objet qui nous enflamme,
Comblez-nous de vos bienfaits ;
Venez, régnez à jamais
Pour le bonheur de nos âmes.
Ah ! sans vous, divin Amant,
Peut-on vivre un seul moment ?

10. Loin de nous, bien de la terre,
Nous avons les biens des cieux.
Vous n'éblouissez nos yeux
Que par un éclat de verre :
Vain bonheur, vous n'êtes rien
Pour un cœur vraiment chrétien.

LXX. *Qu'il ne faut point s'attacher à tout ce*
qu'il y a sur la terre.

Sur l'air : *J'aime rarement, etc.*

1. Sous le Firmament ;
Ce n'est que changement,
Tout passe, ✳ Ainsi que sur la glace,
Le monde va roulant,
Et dit en s'écoulant : Tout passe.

2. C'est la vérité,
Hors de l'éternité, Tout passe ;
Faisons valoir la grace,
Le tems est précieux,
Puisque devant nos yeux
Tout passe.

3. Les charges et les rangs,
Les petits et les grands, Tout passe ;
D'autres prennent la place

Et s'en vont à leur tour :
Puisqu'en ce bas séjour Tout passe.

4. Comme le vaisseau
Qui flotte dessus l'eau * Tout passe
Sans qu'il reste une trace :
Ainsi vont les honneurs,
Les biens et les grandeurs,
    Tout passe.

5. La vie, la beauté,
La force, la santé, * Tout passe,
Tout flétrit, tout s'efface ;
Comme la fleur des champs,
Tout suit le cours du tems,
    Tout passe.

6. Nos jours sont comptés,
Nos momens limités, * Tout passe ;
Et quoique l'homme fasse,
Ses jours s'en vont courant
Plus vîte qu'un torrent, Tout passe.

7. Tel est notre sort,
Il faut que par la mort * Tout passe ;
C'est un arrêt de grace
A qui vit saintement,
Qu'en ce bannissement, Tout passe.

8. Mais pour le pécheur,
Hélas ! pour son malheur,
Tout passe, * Et tout change de face
Dans ce dernier moment ;
Excepté les tourmens, * Tout passe.

9. Heureux le passant,
Qui toujours va pensant, Tout passe ;
Rien n'est plus efficace
Contre les passions
Que ces réflexions, * Tout passe.

10. Dieu punit le mal
Et par son Tribunal * Tout passe ;
Afin d'y trouver grace,
Dégageons notre cœur
De ce monde trompeur. Tout passe.

LXXI. *Prière pour demander à Dieu sa bénédiction pendant la nuit.*

Air connu.

O Dieu dont la providence
xe nos nuits et nos jours !
e la nuit que je commence
aigne rendre heureux le cours.
2. Que tes Anges tutélaires
eillent sur tous mes momens,
t que leurs soins salutaires
ardent mon ame et mes sens.
 O Dieu, etc.
3. Que jamais je ne sommeille
que dans la paix du Seigneur,
t que je ne me réveille
ue pour lui donner mon cœur.
 O Dieu, etc.

LXXII. *Actes de Foi, d'Espérance et de Charité.*

Air connu.

Oui, je le crois,
Ce que l'Eglise nous annonce,
 Oui, je le crois,
Seigneur, et j'honore ses lois ;
Toutes les fois qu'elle prononce,
Par elle l'Esprit Saint s'annonce ;
 Oui, je le crois.
 J'espère en vous,
Dieu de bonté, Dieu de clémence,
 J'espère en vous :
Tout autre espoir ne m'est point dou .
Vous seul comblez mon espérance,
Vous seul serez ma récompense ;
 J'epère en vous.

O Dieu Sauveur!
Vous êtes le seul bien suprême;
O Dieu Sauveur!
A vous seul je donne mon cœur.
Et pour l'amour de vous seul, j'aime
Mon prochain autant que moi-même,
O Dieu Sauveur!

LXXIII. *Pour l'Avent.*

Sur l'air : *Où s'en vont ces gais bergers ?*

1. OUBLIONS nos maux passés,
   Ne versons plus de larmes,
Tous nos vœux sont exaucés,
   Nous n'avons plus d'alarmes;
Dieu naît, les Démons sont terrassés;
   Quel sort eut plus de charmes?

2. L'Univers était perdu
   Par un funeste crime,
Du ciel un Dieu descendu,
   Le sauve de l'abîme :
L'enfer nous était justement dû,
   Dieu nous sert de victime.

3. Ce Dieu qui vient s'incarner
   Finit notre disgrace;
La justice allait tonner,
   Mais l'amour prend la place :
Le Père est prêt à nous condamner,
   Le Fils demande grace.

4. Nous échappons aux enfers,
   Nous sortons d'esclavage,
Les cieux vont nous être ouverts,
   Quel plus heureux partage !
Le salut s'offre à tout l'Univers,
   Amour c'est ton ouvrage.

5. Pouvons-nous trop estimer
   Un sort si désirable ?
Peut-il ne pas nous charmer,

Ce Dieu si favorable ?
Pouvons-nous jamais assez l'aimer ?
  Qu'est-il de plus aimable ?
6. Sous la forme d'un mortel,
  C'est un Dieu qui se cache ;
Du sein du Père éternel,
  Son tendre amour l'arrache.
Pour nous il vient s'offrir à l'autel,
  Comme un agneau sans tache.
7. Qu'il nous aime tendrement !
  Il se livre lui-même ;
Aimons souverainement
  Cette bonté suprême,
Aimons, aimons ce divin enfant,
  Aimons-le comme il aime.

LXXIV. *Pour le même tems.*

Sur l'air : *Laissez paître vos bêtes.*

1. VENEZ divin Messie,
Sauvez nos jours infortunés ;
Venez, source de vie,
Venez, venez, venez.
  2. Ah ! descendez, hâtez vos pas,
Sauvez les hommes du trépas :
Secourez-nous, ne tardez pas :
Venez, divin Messie,
Sauvez nos jours infortunés ;
Venez, source de vie, venez, etc.
  3. Ah ! désarmez votre courroux,
Nous soupirons à vos genoux ;
Seigneur, nous n'espérons qu'en vous.
Pour nous livrer la guerre,
Tous les enfers sont déchaînés,
Descendez sur la terre : venez, etc.
  4. Que nos soupirs soient entendus :
Les biens que nous avons perdus
Ne nous seront-ils point rendus ?

Voyez couler nos larmes :
Grand Dieu! si vous nous pardonnez,
Nous n'aurons plus d'alarmes , venez.

5. Si vous venez en ces bas lieux,
Nous vous verrons victorieux
Fermer l'enfer , ouvrir les cieux,
Nous l'espérons sans cesse ,
Les cieux nous furent destinés ;
Tenez votre promesse : venez , etc.

6. Ah! puissions-nous chanter un jour,
Dans votre bienheureuse Cour,
Et votre gloire et votre amour.
C'est là l'heureux partage
De ceux que vous prédestinez ;
Donnez-nous-en un gage : venez , etc.

LXXV. *Sur l'Eucharistie.*

Sur un air nouveau.

1. Sur cet Autel,
Ah! que vois-je paraître?
Jésus, mon Roi, mon divin Maître!
Sur cet Autel.
Sainte Victime,
Vous expiez mon crime
Sur cet Autel.

2. De tout mon cœur,
Dans ce sacré Mystère,
Je vous adore et vous révère
De tout mon cœur.
Bonté suprême,
Que toujours je vous aime
De tout mon cœur.

3. Voici l'Epoux :
Hâtez-vous, Vierges sages,
Préparez-vous pour son passage,
Voici l'Epoux :
Que tout répète

Dans

Dans cette auguste fête,
Voici l'Epoux.

4. Allons à lui,
Remplis de confiance,
Avec la robe d'innocence,
Allons à lui :
Il nous invite
De venir à sa suite ;
Allons à lui.

5. Divin Sauveur,
Régnez seul dans nos ames :
Répandez-y vos saintes flammes,
Divin Sauveur :
Que notre zèle
Toujours se renouvelle,
Divin Sauveur.

―――――――――――――

LXXVI. *Pour la Communion.*

1. Bénissons à jamais
Le Seigneur dans ses bienfaits.
Bénissez-le, saints Anges,
Louez sa Majesté,
Rendez à sa bonté
D'eternelles louanges. Bénissons, etc.

2. Il a brisé ma chaîne,
Comme un puissant vainqueur.
Et comme un doux Sauveur
Il m'a mis hors de peine. Bénissons.

3. Il a guéri mon ame,
Comme un bon médecin ;
Comme un Maître Divin,
Il m'éclaire et m'enflamme.
Bénissons, etc.

4. Sa douceur me caresse,
Sa grace me guérit ;
Sa force m'affermit ;
Sa charité me presse. Bénissons, etc.

K

5. Il m'honore à toute heure
De marques de faveurs,
Au milieu de mon cœur
Il a pris sa demeure. Bénissons, etc.
　　6. Objet de ma tendresse,
Dieu seul est mon soutien;
D eu seul est tout mon bien,
Ma force et ma richesse. Bénissons.

LXXVII. *Invitation à la Sainte Vierge.*

Air connu.

JE mets ma confiance,
Vierge, en votre secours :
Servez-moi de défense,
Prenez soin de mes jours ,
Et quand ma dernière heure
Viendra fixer mon sort,
Obtenez que je meure
De la plus sainte mort.

LXXVIII. *Prière au Saint Ange Gardien.*

Air connu.

ANGE de Dieu !
Ministre de sa providence ;
　　Ange de Dieu !
Qui daignez me suivre en tout lieu,
A l'ombre de votre présence,
Garantissez mon innocence,
　　Ange de Dieu !
　　Dans cet exil,
Soyez sensible à ma misère,
　　Dans cet exil,
Sauvez mes jours de tout péril.
Soyez ma force et ma lumière ,
Mon maître, mon ami, mon père,
　　Dans cet exil.

LXXIX. *Sur l'amour de Dieu.*

1. Poussé par le Dieu qui m'inspire,
Pour lui mon cœur brûle en ce jour ;
A lui seul désormais je consacre ma lyre,
Et ne veux plus chanter que son divin amour.
    Poussé, etc.

2. Grand Dieu, si chantant tes louanges,
Je vis sans amour, je me perds ;
C'est en vain que je sais le langage des Anges,
Sans amour je ne suis qu'un son qui bat les airs.
    Grand Dieu, etc.

3. L'amour connaît bien des mystères,
Lui seul s'en applique le fruit ;
Les plus rares talens, loin qu'ils soient salutaires,
Sont funestes au cœur si l'amour ne l'instruit.
    L'amour connaît, etc.

4. En vain ma foi dans les campagnes
Produit des torrens sous mes pas ;
Elle transporte en vain les plus hautes montagnes,
Si l'amour ne l'échauffe et ne l'anime pas.
    En vain, etc.

5. En vain, sans amour, je partage
Aux pauvres mes soins et mon bien ;
Quand je renoncerais à tout mon héritage
Si je n'ai ton amour, Grand Dieu ! je n'ai rien.
    En vain sans amour, etc.

6. Que sert de courir à confesse,
Seigneur, si l'amour n'y conduit :
Le pécheur, sans amour, jamais ne se redresse,
Et par un faux dehors le démon le séduit.
    Que sert, etc.

7. Que sert le pain Eucharistique,
Seigneur, si l'on ne t'aime pas ;
L'on ne le connaît bien dans ce festin mystique,
Que lorsque ton amour anime tous nos pas.
    Que sert, etc.

8. Gagner toutes les indulgences,
N'est rien si l'on ne sait l'aimer ;
Dieu toujours envers nous est le Dieu des vengeances
Si l'ardeur de ses feux ne peut nous enflammer.
    Gagner, etc.

9. Le cœur dont l'amour se partage,
Ne peut satisfaire au Seigneur,
Puisqu'un Dieu tout d'amour devient notre héritage
Peut-on lui rendre moins qu'en donnant tout le
    Le cœur, etc.   (cœur?

10. Aimons ce Dieu plus que nous-mêmes ;
Hélas ! il nous a tant aimé.
Quand on goûte les biens qu'il donne à ceux qu'il
        aime,
On est toujours en paix, toujours on est charmé.
    Aimons, etc.

LXXXI. *Sur la Charité.*
Air connu.

Quand vous voyez un pauvre gémir,
Souvenez-vous qu'il est votre frère ;
De l'aider et de le secourir
Des lois c'est la première.
C'est un devoir de la charité,
De la probité, de l'humanité,
Et que l'on doit rendre,
sans en rien attendre,
Et sans vanité ;
L'on est payé du bien que l'on fait
Par le plaisir qu'on sent à le faire.
Pour un bon cœur est-il en effet
Un plus noble salaire.

LXXXII. *Le nom de Marie.* Sur l'air : *Dans nos concerts.*

Dans nos concerts

Bénissons le nom de Marie :
    Dans nos concerts
Consacrons-lui nos chants divers,
Que tout l'annonce et le publie ;
Et que jamais on ne l'oublie,
    Dans nos concerts.
    Qu'un nom si doux
Est consolant, qu'il est aimable !
    Qu'un nom si doux
Doit avoir de charmes pour nous !
Après Jesus, nom adorable,
Fut-il rien de plus délectable
    Qu'un nom si doux ?
    Ce nom sacré
Est digne de tout notre hommage,
    Ce nom sacré
Doit être partout honoré.
Qu'il puisse toujours. d'âge en âge,
Etre révéré davantage
    Ce nom sacré !
    Nom glorieux,
Que tout respecte ta puissance,
    Nom glorieux,
Et sur la terre, et dans les cieux !
De Dieu tu calmes la vengeance,
Tu nous assures sa clémence,
    Nom glorieux !
    Par ton secours,
L'ame, à son Dieu toujours fidèle,
    Par ton secours,
Dans la vertu coule ses jours.
Sa ferveur, son amour, son zèle,
Se nourrit et se renouvelle
    Par ton secours.

F I N

TABLE ALPHABÉTIQUE

DES CANTIQUES.

Fin de la Table des Cantiques.

De l'Imprimerie de J. J. L. Ancelle, Imprimeur Libraire, à Evreux. 1811.

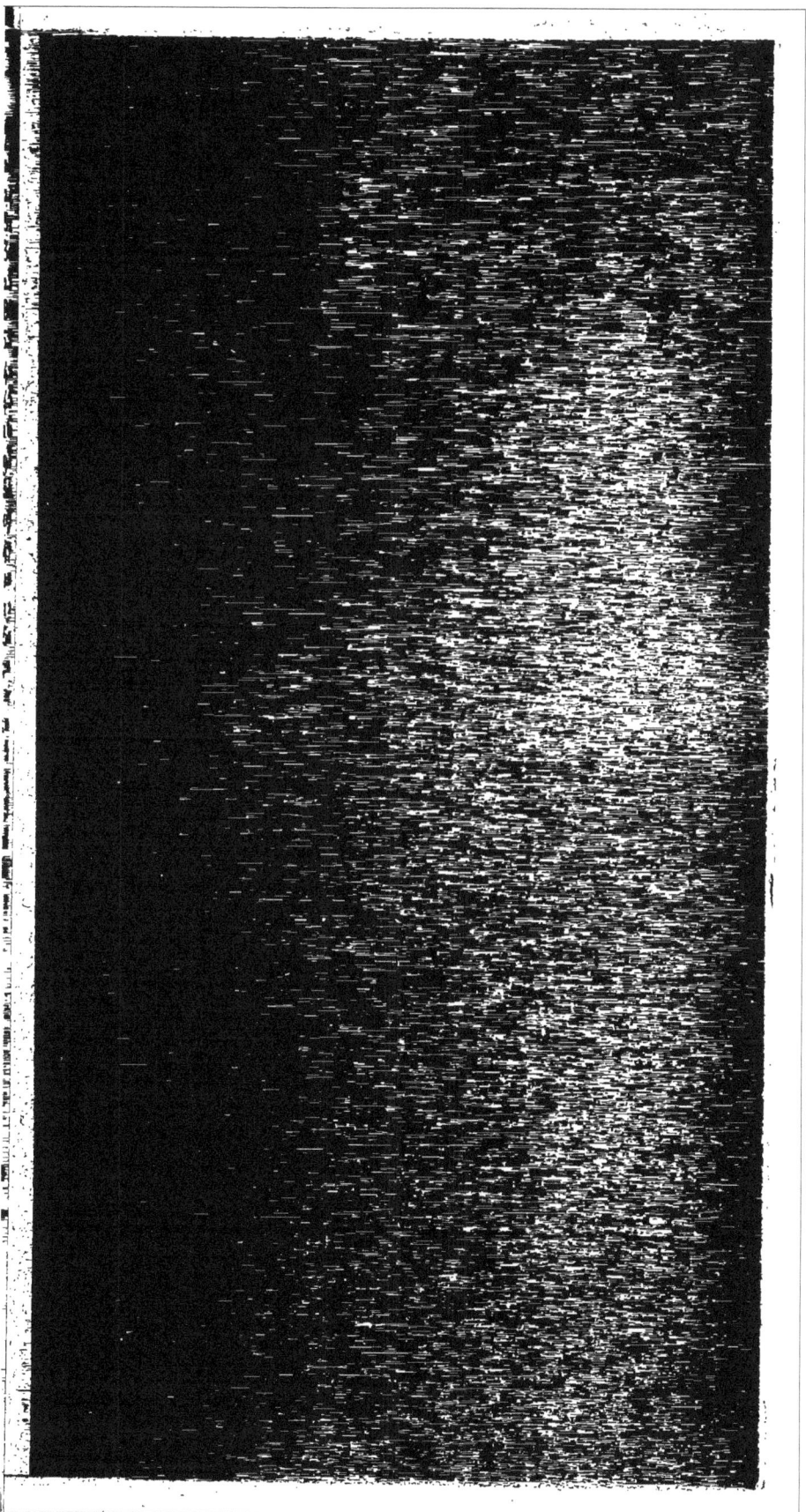

www.ingramcontent.com/pod-product-compliance
Lightning Source LLC
Chambersburg PA
CBHW071808090426
42737CB00012B/2002